Armin Täubner

Meine Lieblings-Bastelideen

Mit Papier, Holz und Windowcolor für die ganze Familie

Meine Lieblings-Bastelideen

Seit über 25 Jahren erscheinen Bastelbücher von mir im frechverlag, mittlerweile sind es an die 500 Titel. Dabei gibt es kaum ein Material, mit dem ich nicht schon gearbeitet hätte, kaum eine Technik, in der ich mich noch nicht versucht habe. Die Bandbreite reicht von Stäbchenweben über Linolschnitt bis hin zu Scoubidou.

Am liebsten arbeite ich jedoch mit Papier und Holz. Mit diesen Werkstoffen kann ich meine zeichnerischen Fähigkeiten am besten umsetzen. Ich bin gerne draußen in der Natur, beobachte Tiere und freue mich an der Vielfalt der Pflanzen. Das bringt mich auf immer neue Ideen. Und es macht solche Freude, diese Ideen an meine Leser weiterzugeben.

Frühling, Sommer, Herbst und Winter, jede Zeit hat ihren Reiz, ihre Protagonisten und ihre Farben. Bastelideen durchs Jahr machen den ersten Teil des Buches aus. Schön ist es auch, anderen eine Freude mit etwas Selbstgemachtem zu bereiten. Daher finden Sie hier schöne Geschenkideen für viele Gelegenheiten. Und zu guter Letzt gibt es noch ein Kapitel für Kinder mit ganz viel Bastelspaß wie Hexentreppenfalten, lustigen Hampeltieren, witzigen Windowcolor-Fischen und niedlichen Mini-Toris.

Ich wünsche Ihnen viel Freude mit meinen schönsten Bastelideen!

Der Auflagenmillionär

So lebt und arbeitet Armin Täubner

Armin Täubner ist 1956 in Grafenberg geboren und in Reutlingen und Bad Urach am Rande der Schwäbischen Alb aufgewachsen. Nach dem Abitur und der Bundeswehr studierte er an den Pädagogischen Hochschulen in Ludwigsburg und Reutlingen Kunsterziehung, Biologie und Englisch. Bereits neben dem Studium erschienen zahlreiche erfolgreiche Bücher von ihm im frechverlag. So lag es nahe, dass er sich nach seinem Studium ganz aufs Büchermachen verlegte.

Heute lebt er in Münsingen auf der Alb. Und hier, im gemütlich eingerichteten Haus der Familie, dreht sich alles ums Büchermachen. Seine Frau veröffentlicht unter ihrem Mädchennamen Inge Walz eigene Bücher und steht ihm immer mit Rat und Tat zur Seite. Die Tochter Julia hat die kreative Ader ihrer Eltern geerbt, studiert Design und hat auch schon einige Bücher herausgebracht.

Wie sind Sie zum frechverlag gekommen?

Ich habe für meine Frau, die schon seit 1978 Bücher im Verlag veröffentlicht, bei ihrem ersten Makrameebuch die Einleitung geschrieben. Bei anderen Büchern habe ich ab und zu mitgeknüpft und war dann beim Fotografieren dabei. So habe ich Herrn Krauss, den damaligen Verlagseigentümer, der zu seiner Zeit auch alle Bücher selbst fotografiert hat, kennen gelernt.

Es dauerte aber noch einige Jahre, bis 1982 mein erstes Buch „Reliefhäuser als Raumschmuck" erschien. Es folgten Bücher über Stäbchenweben und Krippenbauen. Als dann die skandinavischen Fensterbilder nach Deutschland kamen, sagte meine Frau zu mir: Das kannst du doch auch. Mein erstes Fensterbilderbuch „Fensterbilder – Plastische Objekte aus Tonkarton" ist 1988 erschienen.

Die Bezeichnung „Tonkarton" habe übrigens ich erfunden. Sie ist durch ein Missverständnis entstanden. Mir war damals die Bezeichnung „Tonpapier" geläufig und ich habe dann den dickeren Karton in meinen Anleitungstexten einfach als Tonkarton bezeichnet, während er bei den Papierfirmen Bastelkarton oder Fotokarton genannt wurde.

Am liebsten bastelt Armin Täubner Tiere. Während seines Studiums hat er aber auch Porträts gezeichnet, wie hier den Urgroßvater seiner Frau.

Ihre Frau macht auch Bücher, Ihre Tochter schickt sich an, in Ihre Fußstapfen zu treten. Wie ist es, in so einem kreativen Haushalt zu leben?

Ja, das macht sich schon bemerkbar. Nicht nur an meinem Hauptarbeitsplatz, dem Wintergarten, überall finden sich bei uns zu Hause die Spuren der Täubnerschen Kreativität. In fast jedem Raum stolpert man über Bastelmaterial, angefangene oder fertige Modelle, und natürlich gibt es auch einige Stellen, an denen sich unsere und andere Bastelbücher stapeln. Man könnte sagen, es herrscht rundum kreatives Chaos.

Wie entsteht ein Buch? Wie gehen Sie dabei vor?

Entweder habe ich Ideen für ein Buch oder der Verlag möchte, dass ich etwas zu einem bestimmten Thema oder mit einem bestimmten Material arbeite. Es folgen sehr viele schnelle Skizzen, auf denen ich

Armin Täubner mit seiner Familie 1986.

Beim 50jährigen Jubiläum des frechverlags 2005, zusammen mit der italienischen Autorin Pia Pedevilla.

Am Anfang steht die Zeichnung. Jedes Motiv wird erst auf dem Papier entworfen.

das Thema einkreise. Was ist möglich? Welche Anwendungen sind denkbar? Verwende ich Tiere? Weil ich hauptberuflich Bücher mache, geschieht dieses Entwerfen parallel, während ich an einem oder zwei anderen Büchern arbeite.

Es hat keinen Sinn, sich mit Papier und Bleistift hinzusetzen und sich vorzunehmen: Jetzt bin ich mal einige Stunden kreativ. Es kann sein, dass ich die Ideen für ein komplettes Buch an einem Tag aufskizziere, manchmal dauert es aber auch Tage, Wochen, Monate, bis der Knoten platzt. Die Ausarbeitung dieser Skizzen zu Arbeitszeichnungen und Entwürfen, die ich dann auf Papier oder Holz übertrage, dauert wieder einige Tage. Nun werden die ersten Modelle fertig ausgearbeitet und dann im Verlag gezeigt und besprochen, bevor das eigentliche Basteln und Gestalten der endgültigen Modelle folgt. Das dauert je nach Material und Technik nochmals eine oder zwei Wochen. Und meist sortiere ich die ersten Modelle, die ich damals im Verlag gezeigt habe, aus, weil mir die folgenden Modelle besser gefallen. Hinzu kommen noch jeweils ein bis zwei Tage für Vorlagenzeichnungen und Beschreibungen.

Sie haben in den mehr als 25 Jahren, in denen Sie für den Verlag arbeiten, an die 500 Bücher veröffentlicht, manche Bücher schaffen es in zweistellige Auflagen. Woher nehmen Sie diese ganzen Ideen?

Ich werde oft gefragt, ob mir immer noch etwas einfällt. Ich hätte doch beispielsweise schon so viele Weihnachtsbücher gemacht. Zu Weihnachten gäbe es schließlich immer dasselbe: Weihnachtsmänner, Engel und Schneemänner. Aber das stimmt nicht. Alles verändert sich, jedes Jahr sind andere Farben gefragt und andere Stilrichtungen angesagt. Und die Globalisierung macht auch vor der Bastelwelt nicht halt. Aus den skandinavischen Ländern haben wir zum Beispiel Wichtel und Elche importiert. Aus England sind Stechpalmenzweige und Weihnachtsstrümpfe hinzugekommen und aus Amerika Rentiere und rustikale Weihnachtsmänner und Schneemänner. Die Figuren sind auch lebhafter geworden, sie treiben alle Arten von Wintersport oder nehmen ungewöhnliche Posen ein.

Man muss natürlich mit offenen Augen durch die Welt gehen, aber ich besuche auch viele Kreativmessen und lasse mir die Kataloge der Hersteller und Großhändler zuschicken, um immer auf dem neuesten Stand zu sein.

Ein neues Thema ergibt sich aber auch oft, wenn ich an einem anderen Thema arbeite – entweder beim Skizzieren einzelner Szenen oder später beim Ausschneiden, Malen oder Sägen. Ich frage mich dann, wie würde diese Szene oder ein Ausschnitt davon in einem anderen Material oder als Anhänger, Stecker oder in Verbindung mit Draht wirken? Fällt mir genug dazu ein, um ein ganzes Buch zu gestalten, oder taugt das Thema vielleicht sogar für mehrere Bücher, z. B. zu Ostern und Weihnachten?

Wie entwickeln Sie Ihre Figuren? Haben Sie Lieblingsmotive?

Am liebsten zeichne und bastle ich Tiere. Meine Favoriten sind Frösche, Mäuse, Katzen, Bären, Kühe und Raben. Die Tiere müssen bestimmte Voraussetzungen erfüllen, damit sie sich als Motive eignen.

Diese freche Bande hat Armin Täubner für das Verlagsjubiläum 2005 entworfen.

Armin Täubners Arbeitsplatz – der Wintergarten, hell, übersichtlich und mit schönem Ausblick in den Garten.

Zunächst sollte der Kopf entweder von vorne oder im Profil sehr markant und leicht zu zeichnen sein. Ist dies der Fall, werden einzelne Gesichtsteile etwas stärker betont und dann die Gesichtszüge vermenschlicht. Beim Mund, meist eine sehr feine, leicht gewölbte Linie, entscheidet oft ein Millimeter in der Länge oder Position, ob das Gesicht gelungen ist oder nicht. Ich fertige meist mehrere Köpfe an und wähle dann aus. Typisch für viele meiner Figuren, die meistens lächeln, grinsen, zumindest auf irgendeine Art und Weise fröhlich sind, ist, dass die Mundwinkel in Wangengrübchen enden. Kleine Lichtreflexe in den Pupillen hauchen den Figuren Leben ein.

Aber nicht nur die Gesichter vermenschliche ich, auch die ganze Körperhaltung. Die Vorderbeine werden zu Armen und Händen, die Tiere stehen nur noch auf zwei Beinen und ihre Bewegungen und Tätigkeiten orientieren sich am Menschen.

Wie würden Sie Ihren Stil beschreiben?

Mein Stil hat sich im Lauf der Zeit natürlich geändert. Waren es anfangs plakative Motive, die Fensterbilder aus relativ wenigen Teilen zusammengeklebt und leicht nachzuarbeiten, wurden die Figuren im Laufe der Zeit immer detaillierter und eigentlich reifer. Im Grunde sind es zwei Stile: Wenn ich mit Windowcolor Blumen und Tiere male, arbeite ich möglichst naturalistisch. Für meine Fensterbilder und für aus Holz ausgesägte und bemalte Motive wähle ich meist fröhliche, gut gelaunte Tiere oder Menschen, die in Szenen miteinander kommunizieren. Im Laufe der Zeit sind viele Tiere, Babys, Schutzengel etc. mit hohem Wiedererkennungswert entstanden.

Sie hatten ja ursprünglich eine andere Laufbahn eingeschlagen, wollten Lehrer werden. Würden Sie sagen, dass Sie mit Ihrem Beruf zufrieden sind? Oder haben Sie in beruflicher Hinsicht einen Traum, den Sie noch verwirklichen wollen?

Ich bin sehr zufrieden mit meinem Beruf. Er hat sich aus einem Hobby entwickelt und ich kann mir meine Zeit selbst einteilen. Wenn mir gerade nichts einfällt, arbeite ich im Garten, jäte Unkraut, mähe den Rasen oder schneide die Hecke. Im Sommer skizziere und bastle ich auch gerne draußen, da kommen dann wieder neue Ideen.

Ein Traum, den ich noch immer hege, ist es, Kinder- und Bilderbücher zu illustrieren. Vielleicht wird er ja noch wahr.

Armin Täubner ist gerne in der Natur, wie man an diesen Fotos aus den 80er Jahren sehen kann.

Die Motive lassen sich in folgende Schwierigkeitsgrade unterteilen:

- einfach
- etwas schwieriger
- anspruchsvoll

GRUNDAUSSTATTUNG

Die folgenden Materialien und Hilfsmittel sollten Sie zur Hand haben:

- Transparentpapier und Pappe (für Schablonen)
- Schere, Cutter mit Schneideunterlage
- Lineal, Geodreieck
- Seitenschneider (zum Kürzen von Draht)
- Alleskleber, Klebestift, z. B. UHU
- Pinsel in verschiedenen Stärken
- Zahnstocher, Schaschlikstäbchen
- Lochzange
- Bleistift
- Buntstift in Rot
- feiner wasserfester Filzstift in Schwarz
- Vorstechnadel
- Hammer
- altes Küchenmesser

FÜR HOLZ

- Dekupiersäge, Laubsäge
- Akkuschrauber und Bohrer
- kleine und mittlere halbrunde Holzfeile
- 120er und 180er Schleifpapier
- Holzleim (am besten schnell trocknend)
- Pinsel in verschiedenen Stärken

Meine besten Basteltipps

Vorlagen übertragen

Die Motivteile ohne Überschneidungen nebeneinander mit Bleistift auf Transparentpapier abpausen. Bei den Motiven aus Holz auch die Bohrlöcher markieren. Das Transparentpapier auf Pappe kleben und die Motivteile exakt ausschneiden. Diese Schablonen auf Fotokarton oder Sperrholz legen und die Umrisse mit Bleistift nachziehen. Bei den Holzmotiven mit der Vorstechnadel die Position der Bohrlöcher durch die Schablone ins Holz drücken.

Hexentreppen

Die Enden von zwei Papierstreifen rechtwinklig aufeinander kleben. Dann den unten liegenden Streifen (hier: weiß) über den oberen (hier: rot) falten. Den roten Streifen wiederum über den weißen falten und immer so fortfahren, bis die Hexentreppe die gewünschte Länge erreicht hat.

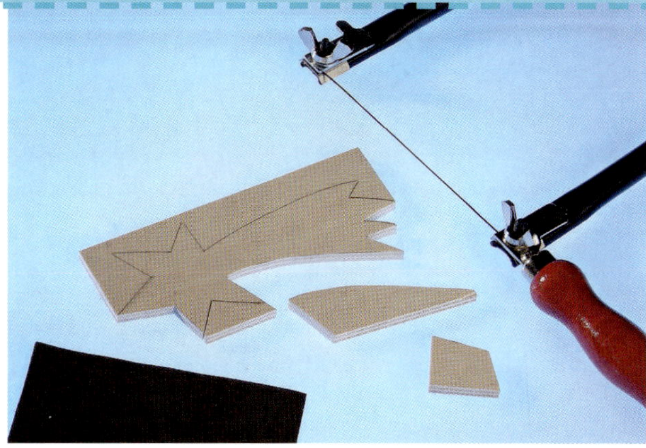

Holz

Die Motivteile aussägen und die Löcher bohren. Manche Motive werden am Stück ausgesägt, danach werden manche Teile puzzleartig abgetrennt, die mit Draht wieder befestigt werden. Dadurch passen die Einzelteile perfekt zusammen. Die Ränder mit Feile und Schleifpapier glätten. Erst jetzt evtl. seitliche Löcher bohren. Die Motivteile bemalen. Nach dem Trocknen nach Belieben die Ränder nochmals mit Schleifpapier bearbeiten, so dass an den Kanten das Holz durchschimmert. Die Holzteile mit Drahtstücken oder Holzleim zusammenfügen.

Drahtspiralen und Ösen

Viele Holzmotive sind mit Drahtspiralen verziert. Die Spiralen werden schön gleichmäßig, wenn der Draht um einen Rundholzstab, ein Schaschlikstäbchen oder einen Stift gewickelt wird. Dann die Spirale abstreifen und auf die gewünschte Länge dehnen.
Ösen biegt man am besten mit der Rundzange. Dazu das Drahtende mit der Rundzange fassen und zur Öse biegen. Der Durchmesser der Öse hängt davon ab, ob der Draht mit der Spitze (kleinerer Durchmesser) oder weiter hinten mit der Zange (größerer Durchmesser) gefasst wird.

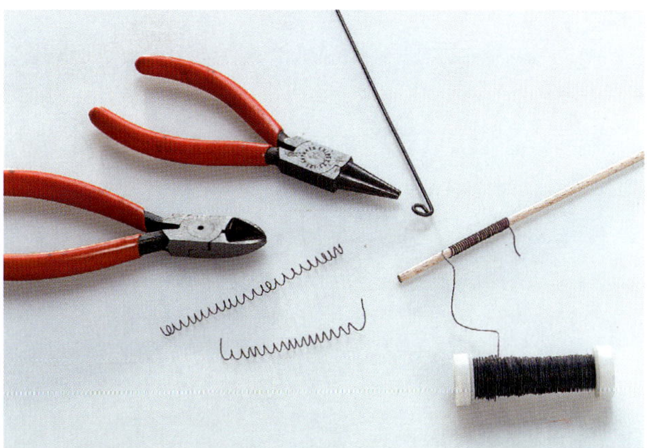

Gesichter und Innenlinien

Gesichter und Innenlinien entweder anhand der Abbildung und Vorlagen abzeichnen oder auf Transparentpapier pausen. Auf der Rückseite das Transparentpapier mit einem weichen Bleistift einstreichen, das Papier mit der Rückseite nach unten auf das entsprechende, bei Holz schon bemalte, Material legen und mit einem harten Bleistift die Linien nachzeichnen; so werden sie übertragen. Die Wangen mit Buntstift röten. Lichtpunkte in den Augen mit weißer Farbe und der Spitze eines Zahnstochers oder Drahtstücks setzen.

Holzperlen halbieren

Für manche Motive werden als Nasen halbe Holzperlen benötigt. Zum Halbieren die Holzperle auf eine Schneideunterlage legen, die Klinge eines alten Küchenmessers auf die Öffnung setzen und mit einem leichten Hammerschlag auf das Messer die Perle spalten.

Windowcolor

Die Malfolie auf die Vorlage legen; Achtung: beim Arbeiten mit Adhäsionsfolie erst die weiße Trägerschicht entfernen. Auf die Konturenfarbflasche die Malspitze aufstecken und die Konturen nachziehen. Dabei die Malspitze aber nicht direkt auf die Folie auflegen! Gut trocknen lassen (Herstellerangaben beachten!). Danach die Konturen mit Windowcolor ausfüllen.
Luftblasen, die entstehen, noch im feuchten Zustand mit einer Nadel aufstechen. Dann füllt sich das Loch von selbst wieder mit Farbe.
Es ist möglich, Farben nass in nass ineinander zu setzen und nach Belieben mit der Malspitze, einem Zahnstocher oder einer Nadel ineinander zu ziehen. So ergeben sich Schattierungen und interessante Muster.

FRÜHLING

Im Frühjahr wird es endlich wieder bunt draußen. Die Blumen blühen, die Vögel bauen ihr Nest, die Hasen haben gute Laune und der Hahn fährt mit dem Tretroller die Eier aus. Juhu – wie wunderbar!

Hühnerglück

→ ach, wie kuschelig!

MOTIVHÖHE
ca. 20 cm

MATERIAL
- Sperrholz, 8 mm stark, 25 cm x 30 cm
- Sperrholzrest, 4 mm stark (Schild)
- Acrylfarbe in Weiß, Rot, Zitronengelb und Orange
- Lackmalstift in Gelb
- sechseckiger Maschendraht, 10 cm breit, 12 cm lang
- geglühter Blumendraht, ø 0,35 mm, 23 x 10 cm lang
- geglühter Blumendraht, ø 0,65 mm, 80 cm lang (Aufhängung)
- 16 Nägel, 1,5 cm bis 2 cm lang
- Bohrer, ø 1 mm

VORLAGE
SEITE 66+67

1 Das Huhn mit Kamm, Kehllappen und Küken zunächst als ein Teil aussägen. Dann die aufgeführten Motivteile mit der Säge vom Rumpf trennen. Zusätzlich noch die beiden Seitenwände des Körbchens und das Schild aussägen. Die Ränder der Motivteile mit der Feile leicht abrunden und mit Schleifpapier glätten.

2 Die Motivteile bemalen. Die rote Farbe dazu mit Wasser etwas verdünnen. Die Gesichter aufmalen. Die Schablone auflegen, die Löcher mit der Vorstechnadel ins Holz drücken und bohren.

3 Die Motivteile zusammendrahten: Dazu jeweils ein 10 cm langes Drahtstück zu einem engen U biegen, die Enden von vorne z. B. durch das Loch im Kamm und das entsprechende Loch im Kopf stecken. Auf der Rückseite die beiden Drahtenden mit Daumen und Zeigefinger oder einer kleinen Flachzange mehrfach verdrehen und mit dem Seitenschneider kürzen. Den verbleibenden Drahtstummel andrücken. Auf diese Weise alle Motivteile andrahten.

4 Den Maschendraht so mit Nägeln an den beiden Seitenwänden fixieren, dass sich die Ränder mit dem geraden Abschluss oben und unten befinden. Dabei darauf achten, dass sich am oberen Rand auf beiden Seiten ein vollständiges Sechseck befindet.

5 Das Körbchen auf das Huhn legen und den Verlauf der Innenkanten beider Seitenwände mit Bleistift leicht auf dem Huhn markieren. Innerhalb der Umrisse den Rumpf jeweils zweimal durchbohren. Die Seitenwände am Huhn anleimen und zusätzlich von hinten noch mit Nägeln sichern.

6 Das Schild beschriften und ebenfalls mit Draht am Körbchen befestigen. Den Draht für die Aufhängung um einen Rundholzstab oder Stift, ø 5 mm, wickeln, dehnen und am Kamm und der Schwanzfeder andrahten.

Mein Tipp:

Jetzt blühen die Trollblumen. Verzieren Sie Ihre Fenster mit diesen schönen Blumen aus Windowcolor auf Adhäsionsfolie. Wie's geht, steht bei den Narzissen auf Seite 14.

Fröhliche Hasen

→ nicht nur zu Ostern schön

MOTIVHÖHE
ohne Stäbchen ca. 18 cm

MATERIAL PRO HASE

- Tonpapier in Orange oder Gelb, 19 cm x 9 cm (Rumpf)
- Fotokartonrest in Orange oder Gelb (Kopf)
- Acrylfarbe oder Wasserfarbe in Gelb oder Orange
- Lackmalstifte in Weiß und Gelb bzw. Orange
- Rundholzstäbchen, ø 3 mm, ca. 20 cm lang
- geglühter Blumendraht, ø 0,35 mm, 3 x 9 cm (Barthaare) und 10 cm lang (Haarschleife)
- Bast in Gelb oder Orange

VORLAGE SEITE 69

1 Für die Zickzackfaltung das Tonpapier, 19 cm x 9 cm, im Abstand von 1 cm anritzen, die ovale Rumpfschablone auflegen, den Rumpf ausschneiden und im Zickzack falten. Den gelochten Rumpf öffnen und weiße und gelbe oder orangefarbene Punkte auftupfen.

2 Den Rumpf auf das farbig bemalte Holzstäbchen aufstecken. Das Stäbchen steht oben am Rumpf 4 cm über. Daran eine 8 cm bis 10 cm breite Bastschleife anbinden. Die Seiten der Schleifen können auf- bzw. abgeschnitten und mit der Vorstechnadel ausgefranst werden.

3 Den Kopf aus Fotokarton ausschneiden und zuerst das Gesicht mit einem feinen schwarzen Filzstift aufzeichnen. Die restlichen Linien und Punkte aufmalen. Für die Barthaare die Löcher mit der Vorstechnadel einstechen. Die Drähte einziehen. Für die Haarschleife ein 4 cm langes Bastbüschel in der Mitte mit dem restlichen Draht zweimal umschlingen. In die Stirn ein Loch stechen, ein Ende des Haarschleifendrahtes durchstecken und auf der Rückseite mit dem anderen Drahtende mehrfach verdrehen. Die Drahtenden kürzen und andrücken.

4 Den Kopf auf das Holzstäbchen kleben.

Mein Tipp:

Diese niedlichen Hexentreppen-Hasen mit lustigen Wackelaugen sind ganz einfach zu basteln. Falten Sie einfach zwei Tonpapierstreifen, 2 cm breit, 40 cm lang, zur Hexentreppe mit acht Randzacken. Kleben Sie den obersten Faltabschnitt an und runden Sie die überstehenden Streifen auf der Länge von 7 cm mit der Schere zu Ohren ab. Noch die Wackelaugen, ø 7 mm, und zwei Vorder- und zwei Hinterbeine (Vorlage Seite 69) ankleben und das Näschen schwarz anmalen. Nach Belieben die Schilder anbringen.

Narzissen

→ Blütenpracht

MOTIVHÖHE
Narzissen aus Windowcolor
ca. 43 cm

Narzissen aus Papier
ca. 22 cm

VORLAGE
SEITE 66+70

MATERIAL
NARZISSEN AUS WINDOWCOLOR

- Windowcolor-Konturenfarbe in Schwarz
- Malspitze, ø 0,5 mm
- Windowcolor in Gelb, Orange, Korallenrot, Resedagrün und Hellgrün
- Adhäsionsfolie

NARZISSEN AUS PAPIER

- Fotokarton in Weiß, A3

Narzissen aus Windowcolor

1 Die weiße Trägerschicht von der Folie abziehen und die Folie auf die Vorlage legen. Die Konturen mit der Konturenfarbe mithilfe der Malspitze nachziehen und gut trocknen lassen (Herstellerangaben beachten).

2 Danach das Motiv wie abgebildet ausmalen. Die Schattierungen ergeben sich, indem die Farben nass in nass gemalt und mit einem Zahnstocher ineinander gezogen werden. Gut trocknen lassen.

3 Das Motiv entlang der Umrisse ausschneiden und aufs Fenster aufbringen.

Mein Tipp:

Toll sieht es aus, wenn Sie am Fenster zwei Ranken einander gegengleich gegenüberstellen, so dass sie einen Bogen bilden.

Narzissen aus Papier

1 Erst mit dem Cutter die Innenflächen aus den Blütenkelchen ausschneiden, dann die übrigen Innenflächen ausschneiden; dabei auf einer Seite des Fensterbildes beginnen und Fläche für Fläche zur gegenüberliegenden Seite hin arbeiten.

2 Den äußeren Rand mit der Schere ausschneiden. Am oberen Rand nach Belieben ein Loch einstechen und das Motiv an einem Faden ans Fenster hängen.

Tretroller-Hahn

→ flott unterwegs

1 Die Motivteile übertragen und ausschneiden. Hahn, Schnabel, Kamm und Kehllappen am Kopf festkleben. Die Gesichtskonturen einzeichnen. Auf Kamm und Kehllappen mit feinem schwarzem Filzstift etliche Punkte tupfen.

2 Die beiden grünen Schwanzfedern ergänzen und mit gelben Tupfen versehen. Flügel und Beine noch nicht ankleben!

3 Tretroller: Die zweiteiligen Räder aus weißem und gelbem Fotokarton von hinten an das rote Rollergestell kleben. Die Schutzbleche mit weißem Lackmalstift bemalen und mit kleinen schwarzen Punkten verzieren. Schwarze Linien grenzen die Schutzbleche von der Lenkstange und vom Gepäckträger ab. Die Radnabe jeweils in Form eines weißen Punkts mit schwarzem Tupfen in der Mitte aufbringen.

4 Den Korb wie abgebildet mit Filzstiftlinien und -pünktchen dekorieren. Von hinten am Korbrand das rot-weiß gestreifte Ei festkleben. Die beiden weiß gepunkteten Eier mit Klebekissen hinten am Korb befestigen. Den Korb auf den Gepäckträger kleben. Nun die beiden grün-weiß gestreiften Bänder anbringen.

5 Den Hahn auf den Tretroller kleben, erst jetzt die Beine an Rumpf und Roller befestigen. Am Lenker die Holzperle fixieren. Den vollständig sichtbaren Flügel wie abgebildet mit sechs Klebekissen am Rumpf befestigen. Den zweiten Flügel auf der Rückseite des Körpers und am Lenker festkleben. Die Eier im Korb zur besseren Stabilität auf die untere Schwanzfeder kleben.

6 Abschließend den Tretroller auf der Wiese anbringen. Mit Lackmalstiften gelbe und weiße Punkte aufs Gras tupfen.

MOTIVHÖHE
ca. 20 cm

VORLAGE SEITE 71

MATERIAL

- Fotokarton in Weiß und Gelbgrün, A4
- Fotokartonreste in Rot und Zitronengelb
- Lackmalstifte in Weiß und Gelb
- Holzperle in Schwarz, ø 6 mm
- 8 Klebekissen, 5 mm x 5 mm

SOMMER

Der Sommer bringt die ersten reifen Beeren. Im Garten erfreue ich mich an Schmetterlingen und, wenn's richtig heiß ist, kommt ein Ritt auf einem Haifisch doch gerade recht, oder? Auf in die Sommerferien!

Preiselbeer-Elfen

→ eine Beere gefällig?

MOTIVGRÖSSE
ca. 22 cm x 18 cm bzw. 14 cm x 20 cm

VORLAGE SEITE 67+70

MATERIAL
- Windowcolor-Konturenfarbe in Grau
- Malspitze, ø 0,5 mm
- Windowcolor in Resedagrün, Hellgrün, Tannengrün, Weiß, Schwarz (Augen), Hautfarbe, Rubinrot, Hellbraun und Mittelbraun
- feiner Filzstift in Schwarz (Nase und Mund)
- Mal- oder Adhäsionsfolie

1 Bei Adhäsionsfolie die weiße Trägerschicht von der Folie abziehen und die Folie auf die Vorlage legen. Die Konturen mit der Konturenfarbe mithilfe der Malspitze nachziehen und gut trocknen lassen (Herstellerangaben beachten).

2 Danach das Motiv wie abgebildet ausmalen. Die Schattierungen ergeben sich, indem die Farben nass in nass gemalt und mit einem Zahnstocher ineinander gezogen werden. Gut trocknen lassen.

3 Das Motiv entlang der Umrisse ausschneiden.

Mein Tipp:

Diese Motive gefallen vor allem naseweisen Elfenmädchen und sind gern im Kinderzimmer gesehen. Das Motiv links malen Sie am besten auf Adhäsionsfolie, die es stabilisiert.

Schmetterlinge

→ freundliche Begrüßung

MOTIVHÖHE
nur Schmetterling ca. 20 cm

MATERIAL

- wetterfest verleimtes Sperrholz, 1 cm stark, 25 cm x 30 cm
- wetterbeständiger Klarlack
- 2 Holzperlen in Rot, ø 1 cm (Fühler)
- 4 Rohholzperlen, ø 1,8 cm
- Acrylfarbe in Weiß, Zitronengelb und Rot
- verzinkter Blumendraht, ø 0,65 mm, 15 cm (Fühler), 20 cm (Arme), 30 cm (Beine) und 40 cm lang (Aufhängung Schild)
- Silberdraht, ø 0,4 mm, 8 x 10 cm lang
- Bohrer, ø 1 mm
- Holzleiste, 1,5 cm x 1,5 cm, ca. 60 cm lang
- ggf. Kreisschablone

VORLAGE SEITE 67+72

1 Die Einzelteile aussägen, die Kanten glätten und die Löcher bohren.

2 Den Körper gelb, die Flügel und das Schild weiß, den Holzstab und die Rohholzperlen rot bemalen. Nach Belieben die Kanten nochmals abschleifen, so dass das Holz durchschimmert. Das Gesicht leicht mit Bleistift vorzeichnen und mit feinem Pinsel und Filzstift übermalen. Die roten Punkte und die gelben Blütenmitten entweder ohne Vorzeichnung aufmalen oder mit der Kreisschablone kaum sichtbare Bleistiftlinien aufzeichnen.

3 Die Silberdrahtstücke von vorne durch die Löcher im Rumpf und in den Flügeln stecken und die Drahtenden auf der Rückseite miteinander verdrehen, kürzen und andrücken. Den Fühler-, Arm- und Beindraht jeweils von hinten durch die nebeneinander liegenden Bohrungen nach vorne drücken, auf die Enden die Holzperlen stecken und andrahten.

4 Alle Holzstücke zweimal mit Klarlack überstreichen. Am besten auch die Bohrlöcher mit Lack versiegeln.

5 Für das Schild in die Holzleiste ein Loch bohren. Den Schmetterling auf die Leiste leimen und das Schild andrahten.

Mein Tipp:

Auch ein schöner Blumenstecker ist dieser kleine Kerl. Sein Kopf und Körper bestehen aus 6 mm, die Flügel aus 3 mm starkem Sperrholz. Die Fühler, Arme und Beine fertigen Sie aus 1 mm starkem, mit Nylon ummanteltem Draht, auf den Sie Holzperlen, ø 6 mm, und Marionettenfüße, 1,5 cm x 2 cm, stecken. Die Haare aus Abacafaser und die Flügel werden mit 0,5 mm starkem Lackdraht angebracht. Zum Schluss stecken Sie den Schmetterling auf einen beliebig langen Spanndraht, ø 2 mm, fertig ist ein flotter Falter für Haus und Garten.

WELCOME
TO OUR
GARDEN

Ritt auf dem Hai

→ Sommerfreuden

Bonus Modell

MOTIVHÖHE
ca. 33 cm

MATERIAL
- Fotokartonreste in Rot, Gelb, Weiß und Hautfarbe
- Karton mit Prägedekor in Blau, A4
- Fotokartonrest in Rot mit weißen Punkten
- Buntstift in Hellblau und Rot
- 12 Klebekissen, 5 mm x 5 mm

VORLAGE SEITE 70

1 Von allen Motivteilen Kartonschablonen anfertigen. Die Brustflosse des Hais doppelt ausschneiden. Die beiden Reiter sind bis auf die Frisur (Strichpunktlinie), die Hose und das aufgemalte Gesicht gleich.

2 Die beiden Haiflossen, das rote Maul und das Auge aufkleben. Damit Plastizität entsteht, die Flossen mit Klebekissen am Rumpf befestigen. Die Kiemenspalten, Pupille und Grübchen mit Filzstift aufmalen.

3 Auf den hautfarbenen Rumpf die Hose und von hinten die Schwimmflosse ankleben. Den Jungen mit Klebekissen auf den Fisch kleben. Die Arme auch mit Klebekissen anbringen.

4 Am Kopf zuerst das Haarteil aufkleben. Auf die zweiteilige Taucherbrille die Augen aufmalen und die Ränder des weißen Brillenglases mit dem hellblauen Buntstift leicht einfärben. Die Brille ebenfalls mit einem Klebekissen am Kopf befestigen. Das Gesicht aufmalen. Den Kopf mit einem Klebekissen auf den Hals kleben. Den zweiten Jungen ebenso arbeiten.

HERBST

Im Herbst wird die Ernte eingefahren. Das Fenster ziert ein prächtiger Kranz aus Ähren, Klatschmohn und Kornblumen. Da bedienen sich auch gerne die frechen Raben. Und die Maus macht satt und zufrieden im Apfel ein Nickerchen.

Raben

→ ganz schön frech

Holzrabe

1 Die Motivteile auf das Holz übertragen und aussägen.

2 Die Einzelteile an den Kanten leicht abrunden, bemalen und vor allem an den Kanten nochmals mit Schleifpapier überarbeiten. Zweimal mit Klarlack überstreichen.

3 Das Drahtstück zu einem engen U biegen und von einer Seite ein Drahtende durch einen Flügel, dann beide Enden durch den Rumpf und wieder ein Ende durch den zweiten Flügel stecken. Die Drahtenden miteinander verdrehen, kürzen und andrücken.

4 Die Füße mit den Schrauben von unten am Rumpf fixieren. Das Halstuch zuschneiden und umbinden.

Toni-Rabe

1 Den Tontopf schwarz bemalen; da Terrakotta sehr saugfähig ist, am besten zwei bis drei Farbschichten auftragen.

2 Aus schwarzem Fotokarton die Flügel, den Schwanz und ca. 20 Streifen, 3 mm breit, 5 cm lang, schneiden. Die Streifen als Haare in die Tontopföffnung stecken und von innen mit etwas Klebstoff fixieren.

3 Für den Schnabel einen gelben Kartonstreifen, 14 cm x 2 cm, falten und die Schnabelschablone mit der gestrichelten Linie an die Faltkante legen. Die Umrisse nachziehen und den Schnabel ausschneiden. Die Füße ebenfalls aus gelbem Fotokarton fertigen.

4 Augen, Schnabel, Füße, Flügel und Schwanz ankleben.

MOTIVHÖHE
Holzrabe ca. 24 cm
Toni-Rabe ca. 15 cm

MATERIAL HOLZRABE
- gehobeltes Fichtenholzbrett, 25 cm x 30 cm
- Acrylfarbe in Weiß, Gelb und Anthrazit
- witterungsbeständiger Klarlack
- verzinkter Blumendraht, ø 0,65 mm, 20 cm lang
- 2 verzinkte Spaxschrauben, 4 cm lang
- Bohrer, ø 1 mm (Draht) und 2 mm (Schrauben)
- Filz in Rot, ca. 33 cm x 10 cm

TONI-RABE
- Tontopf, ø 7 cm
- Acrylfarbe in Schwarz
- Fotokartonreste in Schwarz und Gelb
- 2 Wackelaugen, ø 2 cm

VORLAGE SEITE 68+72

Erntekranz

→ mit Mohn und Kornblumen

MOTIVDURCHMESSER
ca. 38 cm

MATERIAL
- Windowcolor-Konturenfarbe in Schwarz
- Malspitze, ø 0,5 mm
- Windowcolor in Rot, Gelb, Ultramarinblau und Hellgrün
- Adhäsionsfolie

VORLAGE SEITE 73

1 Von der Adhäsionsfolie die weiße Trägerschicht abziehen und die Folie auf die Vorlage legen. Die Konturen mit der Konturenfarbe mithilfe der Malspitze nachziehen und gut trocknen lassen (Herstellerangaben beachten).

2 Nach dem Konturieren die Blüten und die Ähren farbig ausmalen. Gut trocknen lassen.

3 Auf die hellgrünen Mohnkapseln mit schwarzer Konturenfarbe zwei versetzte Kreuze aufzeichnen und rund um die Kapseln die Staubgefäße auftupfen. Ebenso auf die Kornblumenblüten sternförmig angeordnete, schwarze Staubgefäße aufmalen.

4 Den Kranz entlang der Umrisse ausschneiden.

Mein Tipp:

Die Staubgefäße der Mohn- und Kornblumen können Sie auch mit Permanentmarker in Schwarz aufzeichnen. Allerdings geht dann der plastische Effekt verloren.
Oder arbeiten Sie den Kranz aus Fotokarton. Dazu erst aus gelbem Karton einen Kranz ausschneiden. Von einer Ähre, einer Mohn- und einer Kornblüte jeweils eine Schablone anfertigen. Ähren und Blüten ausschneiden, die schwarzen Innenlinien aufzeichnen und Ähren und Blüten auf den Kranz kleben.

Maus im Apfel

→ ganz gemütlich

MOTIVHÖHE
ca. 23 cm

MATERIAL
- Fichtenleimholz, 1,8 cm stark, 20 cm x 25 cm
- Sperrholzrest, 3 mm stark (Ohren, Vorder- und Hinterbeine)
- Acrylfarbe in Rot, Braun, Weiß und Schwarz
- geglühter Blumendraht, ø 0,35 mm, 8 x 10 cm lang
- dicke Paketschnur, 12 cm lang
- Abacafaser in Schwarz, 3 cm lang
- Naturbast, 20 cm lang
- Bohrer, ø 1 mm und 2,5 mm

VORLAGE SEITE 74

1 Zuerst den Umriss des kompletten Apfels aus der Leimholzplatte aussägen. Dann mit dem dickeren Bohrer in den mit einem Kreuz markierten Bereich zwischen Apfel und Maus ein Loch bohren. Das Sägeblatt lösen, durch das Loch stecken, wieder einspannen und die angekreuzte Fläche samt Maus heraussägen. Jetzt die Maus vollständig aussägen und die Frucht von den anderen (später schwarzen) Apfelteilen trennen.

2 Die Ohren sowie Vorder- und Hinterbeine der Maus aus Sperrholz aussägen. Die senkrechten Löcher bohren (Pfeile auf dem Vorlagenbogen): am Apfelstiel zweimal ø 1 mm für die Aufhängung, am Mäusekopf ø 2,5 mm für den Haarschopf aus Abacafaser und unten am Apfel ø 2,5 mm für den Mäuseschwanz aus Paketschnur. Die restlichen Löcher gemäß Vorlage mit dem feinen Bohrer anbringen.

3 Die Motivteile bemalen, an den Rändern abschleifen und zusammendrahten.

4 Die Maus in den Apfel legen und evtl. anleimen. Ein Schnurende mit einem Knoten versehen, das andere in das Loch im Apfel kleben.

5 Den Apfelstiel mit einer Bastschleife verzieren.

WINTER

Der erste Schnee ist doch der schönste, besonders wenn er zum Schneemannbauen reicht. Ein Adventskalender versüßt die Zeit bis Weihnachten und dann kommt endlich der Weihnachtsmann mit seinen niedlichen Helfern, den Weihnachtswichteln. Frohes Fest!

Schneemänner

→ Winterfreuden

MOTIVHÖHE
Schneemannduo ca. 15 cm
Liegender Schneemann ca. 16 cm (mit Schild)

MATERIAL SCHNEEMANNDUO

- Sperrholzrest, 5 mm stark
- Sperrholzrest, 3 mm stark (Nasen, Fliegen, Herzen)
- Fichtenholzplatte, 1,8 cm stark, 12 cm x 6 cm (Sockel)
- geglühter Blumendraht, ø 0,35 mm
- geglühter Steckdraht, ø 1 mm, 2 x 3 cm lang
- Acrylfarbe in Weiß, Blau, Rot, Orange, Gelb und Schwarz
- Strukturschnee
- Bohrer, ø 1 mm

LIEGENDER SCHNEEMANN

- Sperrholzrest, 5 mm stark
- Sperrholzrest, 3 mm stark (Nase, Fliege, Schild)
- Fichtenholzplatte, 1,8 cm stark, 8 cm x 5 cm (Sockel)
- geglühter Blumendraht, ø 0,35 mm
- geglühter Steckdraht, ø 1 mm, 3 cm und 18 cm lang
- Acrylfarbe in Weiß, Blau, Rot, Orange und Gelb
- Buntstift in Rot
- Strukturschnee
- Bohrer, ø 1 mm

VORLAGE SEITE 75

1 Die Ecken und Kanten des Sockels mit der Feile abrunden. Den Sockel weiß bemalen und etwas Strukturschnee auftragen. Löcher für den Steckdraht einbohren.

2 Die Motivteile aussägen, die Kanten glätten und die Teile wie abgebildet bemalen. Die Löcher bohren. Die Bohrungen für die Befestigungen unten am Körper und für die Haare sind ca. 1 cm tief. Die Gesichter aufzeichnen und die Teile mit 10 cm langen Blumendrahtstücken zusammendrahten. Die Nase anleimen, die Wangen evtl. mit dem Buntstift röten. Das Schild beschriften.

3 Für die Herzgirlande die Holzherzen auf ein Blumendrahtstück ziehen, das teils über ein Schaschlikstäbchen zu Spiralen gedreht ist. An den Händen befestigen.

4 Als Haare in die Bohrungen am Kopf je vier bis fünf ca. 4 cm lange Drahtstücke stecken, nach Belieben kürzen.

5 Für das Schild mit der Rundzange ein 18 cm langes Steckdrahtstück zu einem engen Bogen biegen, der in einer Öse endet.

6 In die Löcher der Bodenplatte 3 cm lange Steckdrahtstücke stecken, auf die die Schneemänner gesteckt werden. In die zweite Bohrung am kleineren Sockel den langen, gebogenen Steckdraht stecken. Daran das Schild an einem zur Spirale gewundenen Drahtstück aufhängen.

7 Die Schneemänner, das Schild und den Steckdraht mithilfe eines Zahnstochers mit etwas Strukturschnee verzieren.

Adventskalender

→ mit Löffel-Elchen

MOTIVHÖHE
ca. 45 cm

MATERIAL
- 2 Holzkochlöffel, 31 cm lang, runde Kelle, ø 5,5 cm
- Fotokartonreste in Sand, Beige, Rot, Grün und Braun
- Acrylfarbe in Braun
- Strukturschnee
- 4 ovale Wackelaugen, 8 mm hoch
- Filz in Grün, 2 x 45 cm x 3 cm (Schals), 12 cm x 5 cm, 18 cm x 5,5 cm, 12 cm x 4 cm und 14 cm x 7 cm (insgesamt 24 Stücke für die Täschchen)
- Plusterfarbe in Rot
- Wolle in Rot
- geglühter Blumendraht, ø 0,65 mm, 2 x 20 cm lang
- Bohrer, ø 2 mm
- Föhn

VORLAGE SEITE 71

1 Die Löffel braun bemalen. Evtl. auch den Fotokarton für die Ohren braun bemalen, damit sie denselben Farbton bekommen.

2 Die Einzelteile aus Karton ausschneiden. Auf den beigefarbenen Untergrund die rote Zunge kleben. Den Unterkiefer von hinten an der Schnauze befestigen. Die Nüstern mit Bleistift aufmalen. Die Schnauze zusammen mit den Wackelaugen und dem Geweih auf den Löffel kleben. Die Ohren von hinten anbringen. Auf die Stechpalmenblätter die Blattadern aufmalen. Den zweiteiligen Stern zusammenkleben.

3 Die Löffel jeweils viermal durchbohren (3 cm und 4 cm vom Stielende entfernt und nach weiteren 16 cm und 17 cm).

4 Die Stiele übereinander legen und die beiden U-förmig gebogenen Drähte von oben durch die beiden Löcherpaare stecken. Auf der Unterseite die Drahtenden miteinander verdrehen und kürzen. An den beiden Drahtösen einen Wollfaden für die Aufhängung einhängen.

5 Den Strukturschnee mit einem Zahnstocher auftragen und trocknen lassen.

6 Die Täschchen in der Mitte umschlagen und an den Rändern zusammenkleben. Mit der Lochzange Aufhängelöcher ausstanzen und die Zahlen und Zierränder (auch an den Schals) mit Plusterfarbe aufmalen. Anschließend mit dem Föhn aufplustern. Die Täschchen mit Wollfäden an den Adventskalender hängen, die Schals umbinden und die Stechpalmenblätter aufkleben. Den zusammengeklebten Stern anhängen.

Mein Tipp:

Stabiler werden die Täschchen, wenn Sie sie mit der Nähmaschine zusammennähen.

9
24
20
22
23
21
19
14

Santa-Claus-Klammern

→ witzige Anstecker

MOTIVHÖHE
ca. 11 cm bis 14 cm

MATERIAL PRO MOTIV
- Wäscheklammer, 7,5 cm lang
- Fotokartonreste in Rot, Hautfarbe und Weiß
- Glimmerfilzrest in Rot
- Filzrest in Weiß
- Acrylfarbe in Rot
- Holzperle in Rot, ø 8 mm (halbieren, Nase)
- 2 Wackelaugen, ø 3 mm
- Pompon in Weiß, ø 1,5 cm

VORLAGE SEITE 75+76

1 Die Klammer rot bemalen. Das Bart-Haarteil, den Schnurrbart und das Gesicht auf Fotokarton übertragen und ausschneiden.

2 Die Umrisse der Schablonen von Mütze und Mützensaum auf roten bzw. weißen Fotokarton übertragen und beide Teile grob ausschneiden. Die Rückseite beider Teile mit Klebestift bestreichen, den gleichfarbigen Filz aufkleben und glatt streichen. Dann erst die Teile zuschneiden.

3 Den Mützensaum und den Pompon mit Alleskleber auf die Mütze kleben.

4 Auf das Bart-Haarteil das Gesicht und darauf Schnurrbart und Nase kleben. Die Wackelaugen anbringen und die Mütze aufsetzen.

5 Abschließend den Kopf in der gewünschten Position auf die Wäscheklammer setzen. Nach Belieben noch das zusammengefügte Schild anbringen.

Mein Tipp:

Die Weihnachtsmänner freuen sich über Unterstützung von den niedlichen Schneeflöckchen. Die Haare bestehen aus silbernem Flowerhair, werden in der Mitte mit einem Drahtstück gebündelt, dessen eines Ende durch ein Loch in der Stirn gesteckt wird. Zur Befestigung beide Drahtenden miteinander verdrehen. Die Flügel und Schneekristalle bekommen mit Glitter Glue glitzernde Akzente gesetzt.

HERE COMES
SANTA CLAUS

Weihnachtswichtel

→ mit Namen Henrik, Lalli und Bosse

1 Den Tontopf am besten mehrfach rot bemalen. Die Kopfperle hautfarben bemalen und gut trocknen lassen.

2 An die Enden der Arm- und Beinfäden die Holzperlen für Hände und Füße binden. Den in der Mitte umgeknickten Blumendraht so weit in den Kopf ziehen, dass die Biegestelle oben 1 cm übersteht. Diesen Drahtüberstand so abbiegen, dass er auf dem Kopf aufliegt und ihn fixiert.

3 Die halbierte rote Perle als Nase auf den Kopf kleben. Mit Bleistift und Buntstift das Gesicht aufmalen. Die zusammengeklebte Filzmütze auf dem Kopf fixieren.

4 Die Drahtenden, die unten aus dem Kopf ragen, durch die Topföffnung ziehen, den Beinfaden einlegen, auf ein Drahtende die kleine Holzperle stecken und die Drahtenden miteinander verdrehen, so dass der Beinfaden gut fixiert ist. Die Arme zwischen Kopf und Topf am Halsdraht festknoten. Das nach Belieben beschriftete und aus zwei Teilen zusammengefügte Schild direkt an den Wichtel kleben.

MOTIVHÖHE
ca. 11 cm

MATERIAL PRO WICHTEL

- Mini-Tontopf, ø 3,5 cm
- Rohholzperlen, 1 x ø 2 cm (Kopf), 2 x ø 1,2 cm (Hände) und 3 x 1,5 cm (Füße und Kopfbefestigung)
- Holzperle in Rot, ø 6 mm (halbieren, Nase)
- Wollfaden in Rot, 25 cm (Arme) und 28 cm lang (Beine)
- Acrylfarbe in Hautfarbe und Rot
- geglühter Blumendraht, ø 0,65 mm, 12 cm lang
- Filzrest in Rot
- Fotokartonreste in Rot und Weiß

VORLAGE SEITE 67

Ilex-Apfel-Kette

→ zum Anbeißen schön

MOTIVHÖHE
Apfel ca. 5 cm
Ilex ca. 6 cm

MATERIAL
- Sperrholz, 5 mm stark
- Rundholzstäbchen, ø 8 mm
- Acrylfarbe in Rot, Grün und Schwarz
- Patina
- geglühter Blumendraht, ø 0,65 mm
- Küchenkrepp

VORLAGE SEITE 80

1 Die Motivteile aussägen. Die Kanten glätten, die Ränder der Ilexblätter besonders gut mit der Feile bearbeiten und die Löcher bohren. Für die Ilexbeeren vom Rundholzstäbchen 5 mm breite Scheiben absägen.

2 Die Teile wie abgebildet bemalen. Die Ilexblätter grün bemalen, dann Patina auftragen und sofort wieder mit Küchenkrepp abnehmen. Trocknen lassen.

3 Die bemalten Teile an den Rändern mit Schleifpapier nochmals abschleifen, so dass das Holz durchschimmert. Die Holzscheiben als Beeren auf die Ilexblätter kleben.

4 Die Motive mit 15 cm langen Drahtstücken, die vier- bis sechsmal um ein Holzstäbchen oder einen Stift zur Spirale gewickelt wurden, zur Kette verbinden.

Hagebutten-Elfe

→ direkt aus dem Winterwald

MOTIVGRÖSSE
ca. 25 cm x 18 cm

MATERIAL
- Windowcolor-Konturenfarbe in Schwarz
- Windowcolor in Hautfarbe, Weiß, Bernstein, Hellbraun, Mittelbraun, Rubinrot, Glittersilber und Schwarz
- Adhäsionsfolie

VORLAGE SEITE 76

1 Die weiße Trägerschicht von der Folie abziehen und die Folie auf die Vorlage legen. Die Konturen mit der Konturenfarbe mithilfe der Malspitze nachziehen und gut trocknen lassen (Herstellerangaben beachten).

2 Danach das Motiv wie abgebildet ausmalen. Die Schattierungen ergeben sich, indem die Farben nass in nass gemalt und mit einem Zahnstocher ineinander gezogen werden. Gut trocknen lassen.

3 Das Motiv entlang der Umrisse ausschneiden.

Stechpalmenzweig mit Herzen

→ weihnachtliche Fensterecke

Bonus Modell

MOTIVHÖHE
ca. 20 cm

VORLAGE SEITE 72

MATERIAL
- Fotokarton in Rot und Weiß, A4
- evtl. Kreisschablone

1 Von den Motivteilen Kartonschablonen anfertigen. Die Konturen auf den Fotokarton übertragen und überwiegend mit dem Cutter ausschneiden. Aus dem roten Winkel zuerst die rechteckigen Innenflächen herausschneiden und erst dann den Umriss ausschneiden. Die Schnitte in den weißen Blättern, die die Blattadern andeuten, mit dem Cutter etwas verbreitern. Die roten Stechpalmenbeeren am besten mit einer Kreisschablone aufzeichnen und dann mit der Schere ausschneiden.

2 Die Herzen und die 4 mm breiten Herzbänder in der gewünschten Anzahl und Länge ausschneiden und probeweise zusammen mit dem Zweig auf- bzw. an den Winkel anlegen und dann ankleben.

Mein Tipp:

Sie können Ihr Fenster rundum mit diesen Fensterecken schmücken. Für die unteren Fensterecken lassen Sie einfach die Herzen und die Herzbänder weg. Hübsch sieht es auch aus, wenn Sie den Zweig aus grünem Fotokarton ausschneiden.

GESCHENKE

Es gibt doch nichts Schöneres, als anderen eine Freude zu machen! Mit Schutzengeln, Wichteln, schönen Karten, Glücksschweinen und mehr finden Sie für jeden Anlass und jeden netten Menschen das passende Geschenk.

Engel im Mond

→ für süße Träume im Kinderzimmer

1 Mondsichel und Engel zuerst in einem Stück aussägen, dann den Engel an der Rückenlinie entlang abtrennen. Dann die übrigen Motivteile aus dem dünneren Sperrholz aussägen.

2 Nach dem Abschleifen die Löcher bohren; für die Haare sechs Löcher in den Kopf bohren. Die Motivteile bemalen und an den Rändern leicht abschleifen.

3 Für die Frisur aus 6 cm langen Drahtstücken kleine Spiralen fertigen. In jede Bohrung zwei oder drei Spiralhaare stecken.

4 Den Engel an die Mondsichel legen und einen 10 cm langen Draht durch die Bohrung im Engelrücken ziehen, an der später die Flügel befestigt werden. Ein Drahtende durch die Bohrung in der Mondsichel ziehen, die Enden miteinander verdrehen und kürzen. Dann beidseitig die Flügel und Arme anlegen und ein weiteres 10 cm langes Drahtstück durch die Bohrungen an Rumpf, Flügeln und Oberarmen ziehen. Die Drahtenden miteinander verdrehen und kürzen.

5 Zuletzt die Sterne und Herzen wie abgebildet andrahten.

MOTIVHÖHE
ca. 17 cm

MATERIAL
- Sperrholz, 5 mm stark, 20 cm x 20 cm
- Sperrholzrest, 3 mm stark (Herzen, Sterne, Arme und Flügel)
- Lackdraht in Schwarz, ø 0,5 mm, 6 x 6 cm (Haare), 2 x 10 cm (Arme-, Flügel- und Rumpfbefestigung), 3 x 15 cm (Sterne), 1 x 25 cm (Herzen) und 1 x 50 cm lang (Aufhängung)
- Acrylfarbe in Hellgelb, Weiß, Beige, Karminrot und Arktisblau
- Bohrer, ø 1 mm

VORLAGE
SEITE 76+77

Mein Tipp:

Einen niedlichen Schutzengel haben Sie auch im Handumdrehen aus Windowcolor gebastelt. Er wird auf Mobilefolie gemalt und ausgeschnitten. Den Engel können Sie mit einem Herzen verbinden, indem Sie mit der Vorstechnadel Löcher stechen und dünnen Draht anbringen, auf den Sie transparente Rocailles gefädelt haben.

MOTIVHÖHE
ca. 21 cm

MATERIAL
- Sperrholz, 6 mm stark, 25 cm x 25 cm
- Sperrholz, 3 mm stark, 10 cm x 10 cm (Mützensaum und Herz)
- Acrylfarbe in Rot, Weiß und Hautfarbe
- Lackmalstifte in Rot und Weiß
- Abacafaser in Schwarz
- Baumwollkordel in Weiß, ø 3 mm, 20 cm lang
- mit Nylon ummantelter Draht in Weiß, ø 1 mm, 5 cm lang
- Bohrer, ø 1 mm

VORLAGE SEITE 66+74

Wichtel bäuchlings

→ fröhliche Türrahmen-Deko

1 Die Motivteile aussägen, die Löcher bohren und die Ränder glatt schleifen.

2 Die Motivteile bemalen. Mit den Lackmalstiften die Linien auf den Mützenrand malen und die Punkte auf die Hose tupfen. Das Gesicht leicht mit Bleistift vorzeichnen und mit Filzstift nachziehen. Die weißen Glanzbögen in den Augen mit dem Lackmalstift setzen. Wangen und Sommersprossen mit einem Buntstift aufmalen.

3 Die Haare aus Abacafaser von hinten an den Mützensaum kleben. Den Mützensaum am Kopf und auf der Mütze anbringen. Den Arm anleimen.

4 Das Herz mit dem weißen Draht am Mützenzipfel befestigen. Aus der Baumwollkordel eine Schleife binden und auf den Schuh kleben.

Mein Tipp:

Dieses nette Wichtelmädchen ist die Freundin vom Wichtel am Türrahmen. Sie heißt Ihre Gäste willkommen und kann an der Tür, z. B. unterhalb ihres Freundes aufgehängt werden. Ihr Schal ist handgestrickt, kann aber alternativ auch aus Filz ausgeschnitten werden.

Rosige Schweinchen

→ Glücksbringer für alle Lebenslagen

MOTIVHÖHE
Kantenhocker-Schweine ca. 13 cm und 17 cm
Klemmentini-Schwein ca. 9 cm

MATERIAL PRO KANTENHOCKER-SCHWEIN

- Fichtenleimholzplatte, 1,8 cm stark, 20 cm x 20 cm
- Sperrholzrest, 3 mm stark (Rüssel und Füße)
- 4 Rohholzperlen, ø 1 cm oder 1,2 cm
- Acrylfarbe in Rosa, Rot und Weiß
- Deko-Kordel in Rosa, ø 2 mm, 22 cm und 25 cm lang (kleines Schwein) oder 24 cm und 28 cm lang (großes Schwein)
- Rundholzstäbchen, ø 3 mm
- Bohrer, ø 2,5 mm

KLEMMENTINI-SCHWEIN

- Holzwäscheklammer, 7,5 cm lang
- Acrylfarbe in Blau
- Lackmalstift in Weiß
- Fotokartonrest in Rosa
- Klebekissen, 5 mm x 5 mm

VORLAGE SEITE 68+77

Kantenhocker-Schweine

1 Die Motivteile aussägen. Die Ränder am Rumpf mit der Holzfeile leicht abrunden und alle Holzteile mit Schleifpapier glätten. Die Löcher bohren.

2 Den Rumpf, den Rüssel, die Füße und die Holzperlen wie abgebildet bemalen. Die Rüsselscheibe auflegen, dann erst das Gesicht mit Bleistift vorzeichnen. Die Augen mit dem Rundholzstäbchen, auf das weiße Farbe aufgetragen wurde, auftupfen, Mund und Pupille mit feinem Filzstift aufzeichnen. Die Rüsselscheibe anleimen.

3 Zur Befestigung der Arme und Beine auf ein Ende der Arm- oder Beinkordel einen Fuß und eine Perle fädeln und mit einem Knoten fixieren. Die Kordel von vorne durch das Loch im Rumpf führen, durch die andere Bohrung wieder nach vorne ziehen und wieder eine Perle und einen Fuß anknoten.

Klemmentini-Schwein

1 Die Klammer blau bemalen und mit weißen Streifen versehen.

2 Die Motivteile ausschneiden. Die Rüsselscheibe mit dem Klebekissen aufkleben, Vorder- und Hinterbeine wie abgebildet ankleben.

3 Das Gesicht aufmalen, die Wangen, Nasenlöcher und Füße mit Buntstift röten.

4 Das Schwein auf die Klammer kleben.

Kleiner Nilpferdreiter

→ für besonders liebe Menschen

MOTIVHÖHE
ca. 20 cm

MATERIAL
- Sperrholz, 6 mm stark, 25 cm x 25 cm
- Sperrholzrest, 3 mm stark (Herzen und Blüten)
- Acrylfarbe in Hautfarbe, Hellblau, Dunkelblau, Rot, Weiß und Gelb
- geglühter Blumendraht, ø 0,35 mm, 6 x 5 cm (Befestigungen), 3 x 15 cm (Herzen und Blüten), 4 x 20 cm (Haare) und 10 x 6 cm lang (Schwanzquaste)
- geglühter Blumendraht, ø 0,65 mm, 7 cm lang (Schwanz)
- Rundholzstäbchen, ø 5 mm (Punkte auftupfen)
- Bohrer, ø 1 mm

VORLAGE SEITE 68+80

1 Das Nilpferd und den kleinen Reiter (ohne Arm) aus dem 6 mm starken Sperrholz zunächst als ein Teil aussägen, dann das Baby vom Nilpferdrücken und den Nilpferdkopf absägen. Den Arm ebenfalls aus 6 mm starkem Sperrholz, die Blüten und die Herzen aus dem dünnen Sperrholz aussägen.

2 Die Ränder der Motivteile mit Feile und Schleifpapier glätten. Die Motivteile bemalen. Die Punkte auf der Kleidung und die Nilpferdaugen mit dem Rundholzstäbchen auftupfen.

3 Die Ränder mit feinem Schleifpapier abschleifen, bis das Holz durchschimmert. Die Löcher bohren.

4 Die 5 cm langen Drähte jeweils zu einem engen U biegen. Das Baby an den Nilpferdrücken anlegen, ein Drahtende durch das Loch im Oberschenkel, das andere durch das Loch im Nilpferdrücken stecken. Die Drahtenden auf der Rückseite miteinander verdrehen, mit dem Seitenschneider kürzen und andrücken. Mit den anderen Drähten den Babybauch ebenfalls am Nilpferdrücken andrahten. Ebenso den Nilpferdkopf befestigen. Einen 15 cm langen Draht am unteren Loch am Nilpferdmaul mit einhängen und zwei Blüten andrahten. Bevor der Arm angebracht wird, zwei 15 cm lange Drähte durch das Loch in der Hand ziehen und an den Enden die beiden restlichen Blüten und zwei Herzen befestigen.

5 Für den Schwanz die 6 cm langen Drähte in der Mitte mit dem dickeren, 7 cm langen Draht zusammenfassen und zu einer Quaste biegen. Das andere Ende des dickeren Drahtes am Nilpferdpo andrahten.

6 In das Loch auf dem Babykopf die 20 cm langen Drähte einstecken. Jeden Draht um das Rundholzstäbchen wickeln, abstreifen und zu Locken dehnen.

Mein Tipp:

Ein kleines Baby aus 3 mm starkem Holz macht sich auch auf einer Karte sehr gut. Die Arme werden mit dünnem Blumendraht am Rumpf befestigt, die Füße mit Kraftkleber oder Holzleim angeklebt. Die Vorlage für die Karte finden Sie auf Seite 68, sie ist 13,5 cm x 17 cm groß und wird in der Mitte zur Klappkarte gefaltet.

Keep on Rocking

→ lustige Geburtstagsgrüße

Bonus Modell

MOTIVHÖHE
Karte ca. 15 cm
Aufsteller ca. 12 cm

MATERIAL
KARTE

- Fotokarton in Rot, 30 cm x 14,5 cm
- Fotokartonreste in Weiß, Blau und Grau
- Lackmalstifte in Rot und Blau
- Nylonfaden, ø 0,15 mm, ca. 20 cm lang
- Zirkel

AUFSTELLER

- Fotokartonreste in Rot, Grau und Hellbraun
- Lackmalstift in Rot
- runder Kerzenhalter aus Holz, ø 5,5 cm, oder ausgesägtes Holzquadrat, 6 cm x 6 cm (Sperrholz oder Leimholz)
- Acrylfarbe in Blau
- geglühter Blumendraht, ø 0,65 mm, 13 cm lang
- Rundholzstäbchen, ø 3 mm
- Bohrer, ø 1 mm

VORLAGE SEITE 77

Karte

1 Den roten Karton in der Mitte anritzen und zu einer Doppelkarte falten (Strichpunktlinie = Falz). Die Karte öffnen, den Einstechpunkt für den Zirkel (kleines Kreuz) von der Vorlage auf die Karte übertragen. Den Kreis um diesen Punkt mit dem Radius 5 cm zeichnen und mit dem Cutter ausschneiden. Das weiße Schild ausschneiden, beschriften und aufkleben. Den Rand des runden Ausschnittes mit dem blauen Stift nachziehen. Die Punkte in Dreiergruppen auftupfen.

2 Die Katze, den Mäuserumpf und den Schwanz jeweils einmal, alle anderen Teile doppelt ausschneiden. Mit einem sehr feinen Filzstift die Gesichter und die Fellstreifen aufmalen und den Schriftzug schreiben.

3 Den keilförmigen Unterleib der Maus in die passende Kerbe auf dem Katzenrücken legen, dann zuerst den Sattelgurt, dann Sattel und Schaukelkufe aufkleben. Mäuseohr, Beine und Schwanz ankleben. Das Ganze wenden und die restlichen Teile ankleben. Mit der Vorstechnadel vor den Ohren eine Aufhängeloch in den Mäusekopf stechen, den Nylonfaden anknoten und in den runden Kartenausschnitt hängen.

Aufsteller

1 Die Maus auf der Katze wie bei der Karte beschrieben arbeiten.

2 Den Kerzenhalter umdrehen, blau bemalen und rote Punkte in Dreiergruppen auftupfen. In die Mitte ein Loch bohren, ø 1 mm. Den Draht neunmal um das Holzstäbchen wickeln, abziehen und leicht und gleichmäßig dehnen. Ein Drahtende in das Bohrloch kleben, das andere Ende zu einer kleinen Öse, ø ca. 0,5 cm bis 1 cm, formen und zwischen die Schaukelkufen kleben.

KEEP ON ROCKING
HAPPY BIRTHDAY
KEEP ON ROCKING

Herzlichen Glückwunsch

→ zum Baby

Bonus Modell

MOTIVHÖHE
ca. 8,5 cm und 9 cm

MATERIAL
- Fotokarton in Weiß, 18 cm x 16 cm (große Karte) und 17 cm x 13 cm (kleine Karte)
- Fotokartonreste in Hautfarbe, Hellblau, evtl. Rosa, Hellbraun, Rot (Schnuller) und Weiß
- Lackmalstifte in Hellblau, Hautfarbe und Rosa oder Pink
- Abacafaser in Braun (Haarbüschel)

VORLAGE
SEITE 68, 78 + 79

1 Beide Karten in der Mitte anritzen (Strichpunktlinie) und zu einer Doppelkarte falten. Für die zwei bzw. drei Aufsteller in der Kartenmitte die zusammengeklappte Karte vom Falz (Strichpunktlinie) vier- bzw. sechsmal 1,5 cm tief einschneiden. Jeweils zwei dieser Einschnitte an den Enden mit einer leicht eingeritzten Linie (gestrichelte Linien) verbinden. Die Karte öffnen und beim erneuten Schließen die Aufsteller nach innen drücken. Bei der großen Karte mit dem Cutter noch senkrechte Schnitte machen, durch die gefaltete Geldscheine gesteckt werden können: Dazu für die Einschnitte eine Schablone anfertigen, auf die geöffnete Karte legen und mit dem Cutter durch die Schablone in die Karte schneiden. Die Linien und Punkte mit den Stiften aufmalen bzw. auftupfen.

2 Alle Babys werden aus denselben Motivteilen zusammengeklebt, ebenso die Teddybären. Beim Schnuller zuerst mit der Lochzange mit der größten Stanze die Öffnung des Schnullerrings ausstanzen, dann den Umriss des Rings nachschneiden. Für die feinen Schneidearbeiten vor allem in den Ecken zuerst mit dem Cutter arbeiten und dann mit der Schere nacharbeiten.

3 Auf dem ausgeschnittenen Babykopf mit Bleistift zuerst die Nase genau in die Kopfmitte zeichnen. Es folgen die Augen (1 mm darüber, Abstand 5 mm), dann den Mund ergänzen. Wenn kein sehr feiner Filzstift vorhanden ist, genügt auch ein Bleistift (HB). Der Bleistift hat neben der Korrekturmöglichkeit auch den Vorteil, dass er nicht wie mancher Filzstift auf Karton zerfließt. Die Wangen mit Buntstift ergänzen. Abacafasern auf 2 cm kürzen und als Haarbüschel von hinten am Kopf ankleben.

Mein Tipp:

Damit die Karte auch von außen schön aussieht, kleben Sie am besten um sie herum eine zweite Karte mit denselben Maßen.

Mit den Babys und Teddys aus Papier können Sie auch kleine Geschenkanhänger schmücken. Einfach ein Kartonrechteck, 14 cm x 7 cm, in der Mitte anritzen, zu einer Doppelkarte falten, lochen und eine Kordel durchziehen. Das Kärtchen beschriften, evtl. noch mit Stiften verzieren und ein zusammengeklebtes Baby oder einen Teddy aufkleben.

Hübsche Zugaben zu einem Geschenk zur Geburt sind auch diese niedlichen Anhänger aus 3 mm starkem Sperrholz

HERZLICHEN GLÜCKWUNSCH
HERZLICHEN GLÜCKWUNSCH

BASTELSPASS FÜR KINDER

Langeweile? Kein Problem! Schere, Papier, Klebstoff und Farben her, schon wird geschnippelt, gefaltet und gemalt. Das macht richtig Spaß!

Freche Vögel

→ immer zum Zwitschern aufgelegt

Gefaltete Vögel

1 Die Tonpapierstreifen auf beiden Seiten mit Lackmalstiftpunkten betupfen. Dann eine Hexentreppe aus sieben bis neun Zacken falten. Die beiden letzten Faltabschnitte aufeinander kleben und dann mit der Schere als Kopfvorderseite abrunden.

2 Für den Schnabel einen gelben Papierstreifen, 8 cm x 2 cm bzw. 6 cm x 2 cm, zuschneiden und in der Mitte falten. Die Schnabelschablone so auflegen, dass sich die gestrichelte Linie an der Faltlinie des gelben Papierstreifens befindet. Den Umriss des Schnabels mit Bleistift umfahren und den Schnabel ausschneiden. Den Schnabel unter die abgerundete Kopfvorderseite in die Hexentreppe stecken und ankleben.

3 Die Wackelaugen und die Füße ergänzen. Abschließend die Feder ankleben.

Papagei

1 Den Tontopf zweimal mit roter Farbe überstreichen.

2 Kopf und Schnabel jeweils doppelt ausschneiden, die Kopfteile entlang der gestrichelten Linie falten (zuvor mit dem Cutter vorsichtig anritzen, dann faltet sich's leichter) und aufeinander kleben. Beidseitig den Schnabel und die Wackelaugen befestigen.

3 Den Kopf und die drei Schwanzfedern an den Topf kleben.

4 Für die Schaukel den Steckdraht nach 12,7 cm und nach weiteren 4,6 cm jeweils rechtwinklig abbiegen. Die Flügel an den Topf und die Schaukel, die Fußkrallen auf die Schaukel kleben.

MOTIVHÖHE
gefaltete Vögel ca. 9 cm
Papagei ca. 12 cm

MATERIAL PRO GEFALTETER VOGEL
- 2 Tonpapierstreifen in Rot oder Blau, 2 cm breit, 30 cm bis 40 cm lang
- Tonpapierrest in Gelb
- Lackmalstift in Gelb
- Flauschfeder in Gelb oder Blau
- 2 Wackelaugen, ø 7 mm

PAPAGEI
- Mini-Tontopf, ø 3,5 cm
- Fotokartonreste in Rot, Blau und Gelb
- Acrylfarbe in Rot
- 2 Wackelaugen, ø 5 mm
- geglühter Steckdraht, ø 1 mm, 30 cm lang

VORLAGE
SEITE 68+72

Schafherde mit Hütehund

→ niedliche Mini-Tonis

MOTIVHÖHE
ca. 5 cm

MATERIAL PRO SCHAF
- Mini-Tontopf, ø 3,5 cm
- Strukturschnee
- Fotokartonreste in Weiß und Beige
- Baumwollfaden in Schwarz, 15 cm lang
- Metallglöckchen in Gold, ø 9 mm

HÜTEHUND
- Mini-Tontopf, ø 3,5 cm
- Fotokartonrest in Ocker
- Acrylfarbe in Ocker und Weiß
- Schwämmchen

VORLAGE SEITE 73

Schafe

1 Das Tontöpfchen mit Strukturschnee überziehen.

2 Kopf und Fußteil aus Fotokarton ausschneiden. Das Gesicht auf den Kopf zeichnen und über den Augen mit einem Zahnstocher etwas Strukturschnee auftragen.

3 Kopf und Fußteil an den Tontopf kleben und das Glöckchen am Faden um den Hals hängen.

Hütehund

1 Das Tontöpfchen ocker bemalen und trocknen lassen. Mit dem Schwämmchen die weiße Brust auftupfen.

2 Die Kopfteile aus Fotokarton zusammenkleben und mit Filzstift das Gesicht aufmalen.

3 Kopf, Schwanz und Beinteil ankleben.

Raubfische

→ gar nicht gefährlich

1 Die Folie auf die Vorlage legen (bei der Adhäsionsfolie zuvor die weiße Trägerschicht abziehen). Die Konturen mit der Konturenfarbe mithilfe der Malspitze nachziehen und gut trocknen lassen (Herstellerangaben beachten).

2 Danach das Motiv wie abgebildet ausmalen. Die Farben werden nass in nass nebeneinander aufgetragen. Auch die Punkte in die noch feuchten Farben tupfen. Gut trocknen lassen.

3 Falls auf Adhäsionsfolie gemalt wurde, das Motiv entlang der Umrisse ausschneiden.

MOTIVHÖHE
ca. 5 cm bis 9 cm

VORLAGE SEITE 79

MATERIAL
- Windowcolor-Konturenfarbe in Schwarz
- Malspitze, ø 0,5 mm
- Windowcolor in Weiß, Hellblau, Ultramarinblau, Pariserblau, Lavendel und Violett
- Mal- oder Adhäsionsfolie

Schachtelclowns

→ springen lustig aus der Schachtel

MOTIVHÖHE
ca. 11 cm

MATERIAL PRO CLOWN

- 2 Tonpapierstreifen in Rot oder je 1 Streifen in Blau und Gelb, 2 cm breit, 50 cm lang
- Fotokartonrest in Hautfarbe
- Lackmalstifte in Rot und evtl. Gelb (Punkte auf roten Papierstreifen)
- 2 Wackelaugen, ø 5 mm
- Holzperle in Rot, ø 8 mm (halbieren, Nase)
- Langhaarplüschrest in Schwarz oder Orange

PRO SCHACHTEL

- Fotokarton in Rot oder Türkis, A5
- Lackmalstifte in Gelb und evtl. Weiß

VORLAGE SEITE 80

Clown

1 Falls gewünscht, die roten Papierstreifen mit gelben Punkten verzieren. Aus den Papierstreifen eine Hexentreppe mit zwölf Zacken falten. Den Kopf ausschneiden.

2 Auf den Kopf zuerst die halbierte Holzperle als Nase kleben, dann den Mund aufmalen und die Wackelaugen, am besten mithilfe einer Pinzette, ergänzen. Einen Plüschstreifen, 2,5 cm lang und 5 mm breit (bezieht sich nicht auf die Haarlänge, sondern auf die gewebte Rückseite des Plüschs), zuschneiden und mit der gewebten Seite von hinten an den Kopf kleben.

3 Den Kopf auf den letzten Faltabschnitt des Hexentreppenrumpfes kleben. Die Plüschhaare auf die gewünschte Länge zurückschneiden.

Schachtel

1 Den Umriss der Schachtel mit Bleistift auf Fotokarton übertragen. Dabei die Eckpunkte noch mit der Vorstechnadel einstechen, damit die Schachtel exakter gefaltet werden kann. Vor dem Ausschneiden die Faltlinien (gestrichelte Linien) mit dem Cutter anritzen.

2 Die ausgeschnittene Schachtel mit Lackmalstiften verzieren.

3 Die Schachtel falten. Auf die gepunkteten Flächen Klebstoff auftragen und die Schachtel zusammenkleben. Den Clown in die Schachtel kleben.

Hampelfrösche

→ beweglich!

Bonus Modell

MOTIVHÖHE
ca. 28 cm

MATERIAL PRO FROSCH

- Fotokarton in Grün oder Gelb, A4
- Fotokartonreste in Weiß, Rot und Rot-Weiß gepunktet
- 4 Musterbeutelklammern
- Baumwollkordel oder Zwirn in Rot, ø 1 mm
- Holzperlen in Rot und Weiß, ø 8 mm und 1,5 cm
- Lochzange

VORLAGE SEITE 74

1 Von allen Motivteilen Kartonschablonen anfertigen. Die Schablonen mit der Lochzange lochen. Die kleinen Löcher für die Kordel mit der kleinsten Stanze der Lochzange in Arme und Beine stanzen. Die großen Löcher mit der zweitgrößten Stanze in Rumpf, Arme und Beine stanzen.

2 Die Motivteile ausschneiden. Auf den Kopf die Augen kleben. Mund, Nasenlöcher und Pupillen mit Bleistift vorzeichnen und mit dem Filzstift nachziehen. Die Herzen in die Mundwinkel kleben.

3 Auf den Rumpf die Badehose kleben. Zum Lochen die Schablonen auf die ausgeschnittenen Motivteile legen und durch die Schablonen lochen. Eine 15 cm lange Kordel am kleinen Loch eines Arms anknoten, dann den Arm mit einer Musterbeutelklammer am Rumpf befestigen. Das andere Kordelende am kleinen Loch des anderen Arms anknoten. Bevor der Knoten angezogen wird, den Arm ebenfalls mit einer Musterbeutelklammer anbringen. Die gepunktete Linie zeigt den Verlauf der Kordel, d. h. die Kordel ist zwischen den Armen nicht gespannt sondern hängt leicht nach unten durch. Die Beine ebenso anbringen. Eine 50 cm lange Kordel in der Mitte der Armkordel und dann an der Beinkordel anknoten (vgl. Verlauf der Kordel auf der Vorlage, gepunktete Linie). Die Musterbeutelklammern nur locker umbiegen, damit sich die Arme und Beine durch Ziehen an der Zugkordel bewegen lassen.

4 Nun den Kopf ankleben, das Aufhängeloch einstechen und die Aufhängekordel durchziehen. Achtung: Wenn der Kopf, wie auf dem Foto, leicht schief angeklebt wird, das Aufhängeloch nicht in der Mitte sondern etwas seitlich einstechen.

Was guckt denn da?

→ bewohnte Birne

MOTIVHÖHE
Birne ca. 21 cm

MATERIAL
- je 2 Tonpapierstreifen in Grün, 2 cm breit, 12 cm und 20 cm lang
- Regenbogenfotokarton in Rot-Gelb-Grün-Verlauf, A5
- Fotokartonreste in Braun, Grün und Weiß
- 4 Wackelaugen, ø 1,2 cm

VORLAGE SEITE 78

1 Die Motivteile ausschneiden und die Blattadern auf das Blatt zeichnen. Die Wackelaugen auf die Köpfe kleben und das Gesicht aufzeichnen.

2 Für die Raupenkörper zwei Hexentreppen aus den 12 cm bzw. 20 cm langen Papierstreifen falten. Die Köpfe auf den letzten Faltabschnitt – er weist nach unten – kleben.

3 Die Einzelteile wie abgebildet zusammenkleben.

Mein Tipp:

Eine längere Verwandte der Raupen ist diese schöne Schlange in Regenbogenfarben. Für sie benötigen Sie 16 Regenbogentonpapierstreifen, je 2 cm breit und 25 cm lang. Daraus acht Hexentreppen falten und zum Schlangenkörper zusammenkleben. Schneiden Sie das Kopfteil zweimal aus. An einem Teil befestigen Sie die Wackelaugen und von unten die Zunge und malen die Nasenlöcher auf. Das zweite Kopfteil klappen Sie an der gestrichelten Linie um und kleben es von unten an das erste Kopfteil. Dann den Kopf an den letzten Faltabschnitt des Körpers ankleben.

HINWEIS

Manche Vorlagen hier im Buch wurden verkleinert. Diese Vorlagen bitte einfach mit dem angegebenen Vergrößerungsfaktor im Kopiergeschäft kopieren und dann diese Kopien wie normale Vorlagen nutzen.

Narzissen

SEITE 14

bitte auf 200 % vergrößern

Hühnerglück

SEITE 10

bitte auf 140 % vergrößern

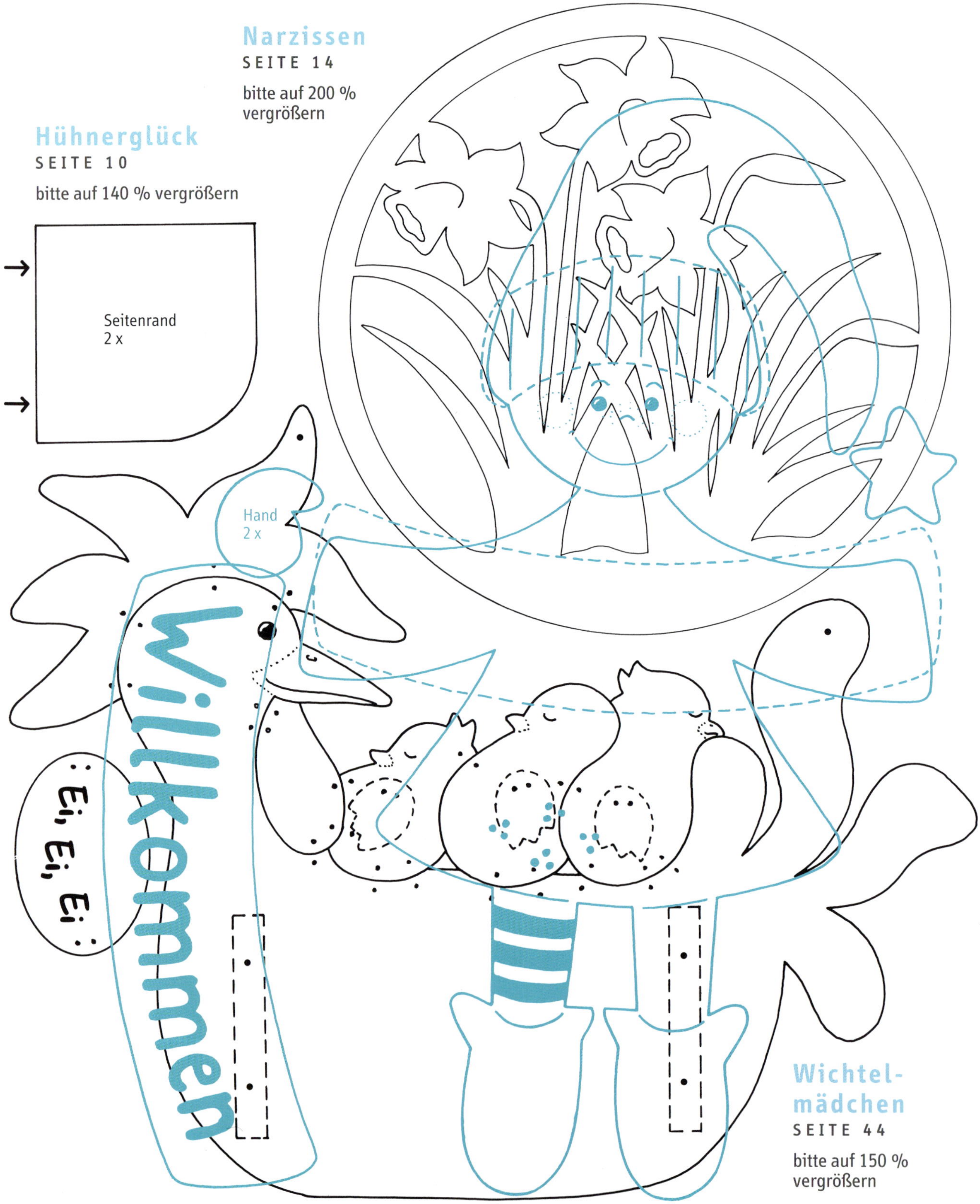

Wichtel-mädchen

SEITE 44

bitte auf 150 % vergrößern

Preiselbeer-Elfe
SEITE 19

bitte auf 150 % vergrößern

Schmetterling
SEITE 20

Weihnachts-wichtel
SEITE 36

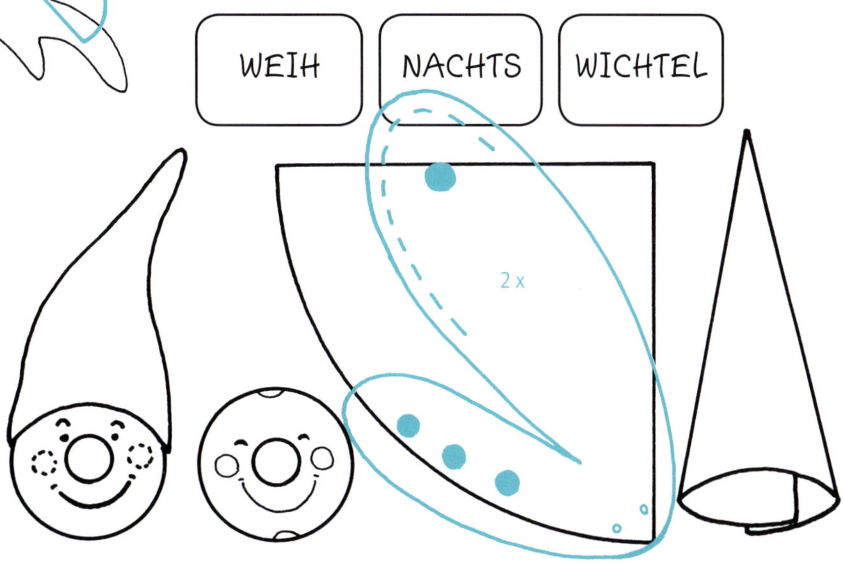

Trollblume
SEITE 11

bitte auf 200 % vergrößern

Herzlichen Glückwunsch
SEITE 52

Klemmentini-Schwein
SEITE 46

Freche Vögel
SEITE 55

Karte zur Geburt
SEITE 48

Toni-Rabe
SEITE 25

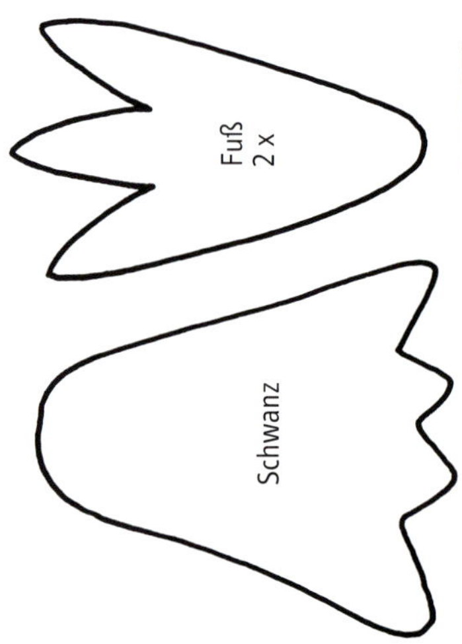

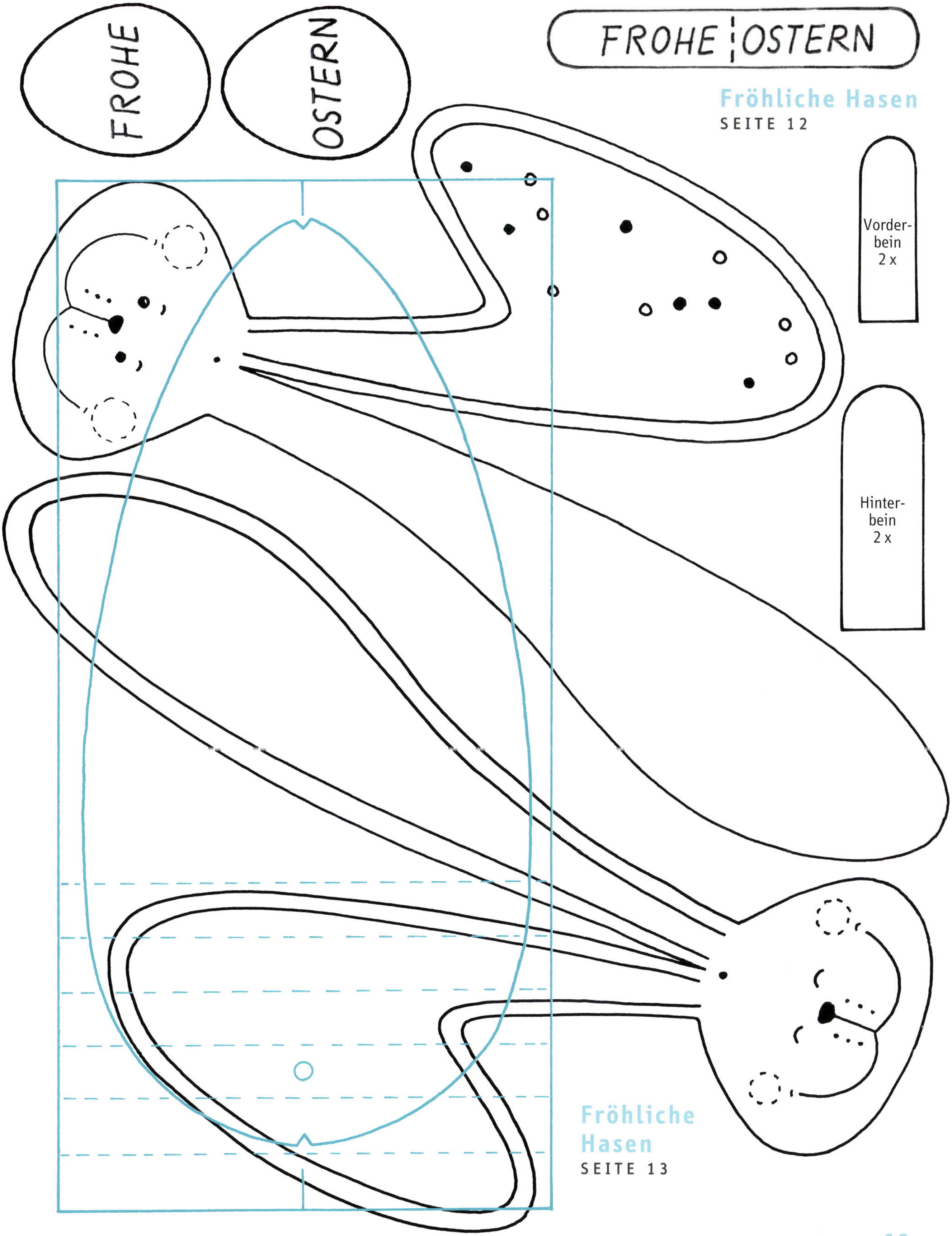

Fröhliche Hasen
SEITE 12

Fröhliche Hasen
SEITE 13

Ritt auf dem Hai

SEITE 22/23

bitte auf 200 % vergrößern

Preiselbeer-Elfe

SEITE 18

bitte auf 150 % vergrößern

Narzissen

SEITE 15

bitte auf 200 % vergrößern

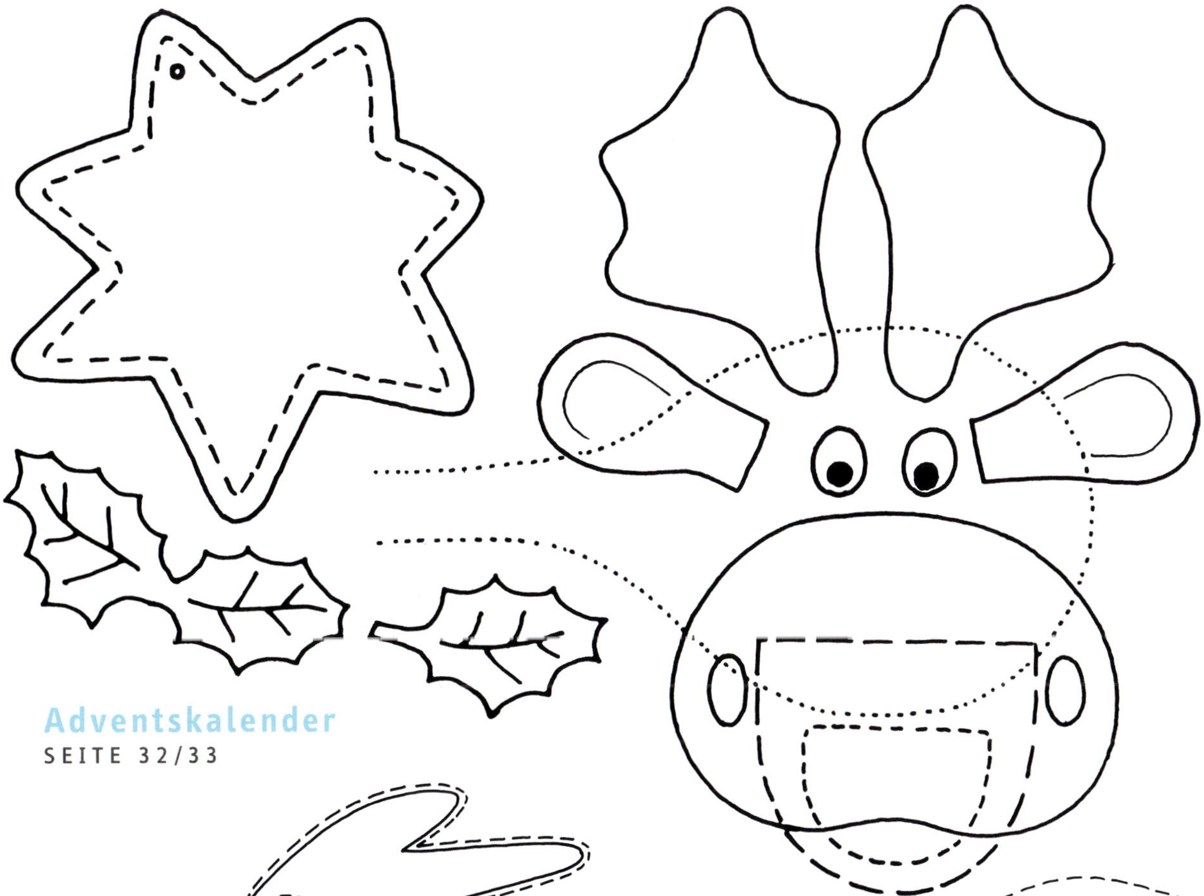

Adventskalender

SEITE 32/33

Tretroller-Hahn

SEITE 16/17

bitte auf 150 % vergrößern

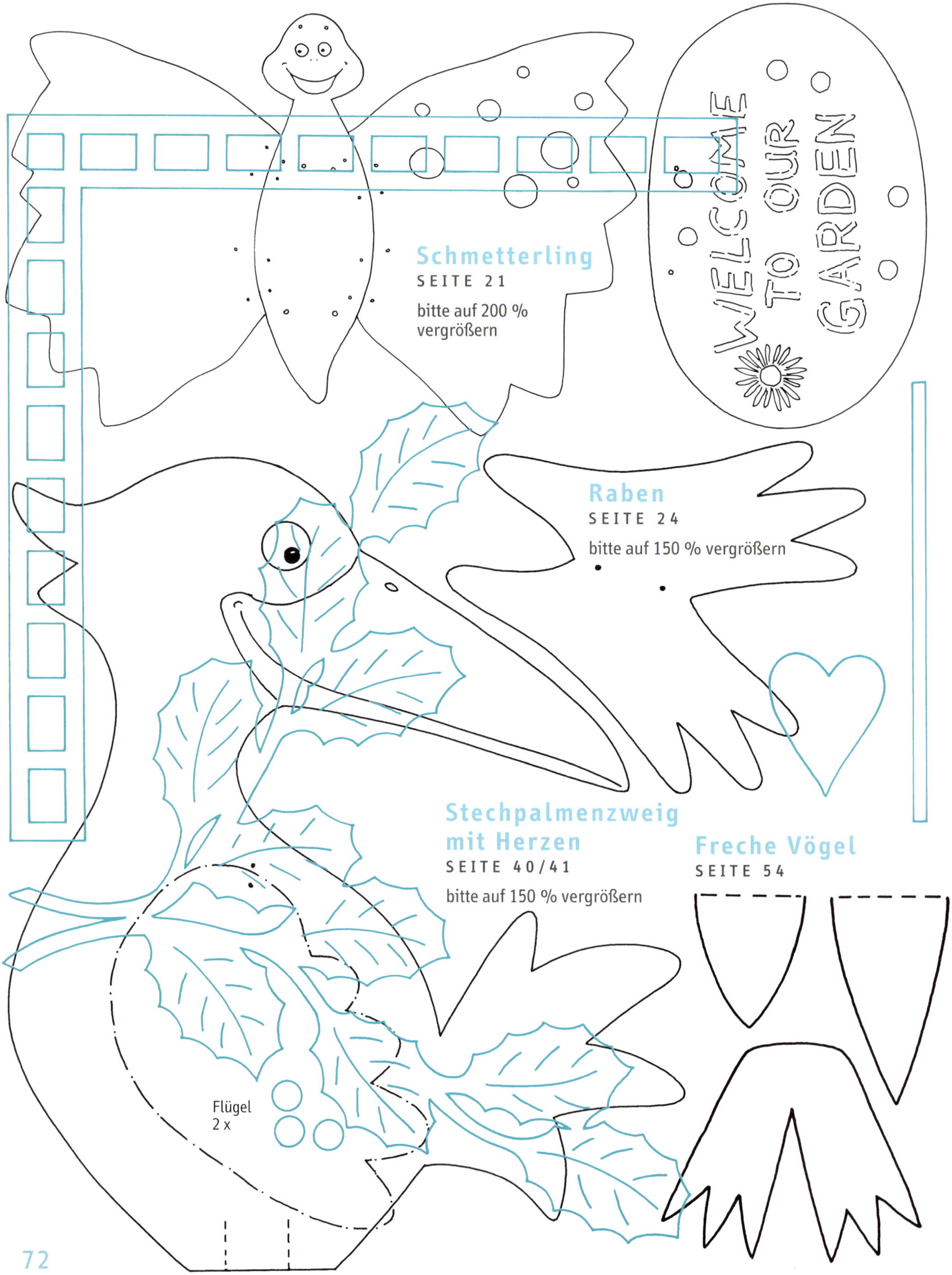

Schmetterling
SEITE 21
bitte auf 200 % vergrößern

Raben
SEITE 24
bitte auf 150 % vergrößern

Stechpalmenzweig mit Herzen
SEITE 40/41
bitte auf 150 % vergrößern

Freche Vögel
SEITE 54

Schafherde mit Hütehund

SEITE 56/57

Erntekranz

SEITE 26/27

bitte auf 220 % vergrößern

Wichtel bäuchlings

SEITE 45

bitte auf 150 % vergrößern

Maus im Apfel

SEITE 29

Hampelfrösche

SEITE 62/63

bitte auf 150 % vergrößern

Schneemänner
SEITE 30

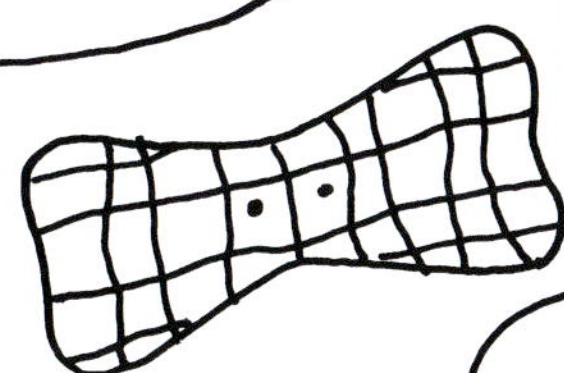

Schnee-flöckchen-Klammern
SEITE 34

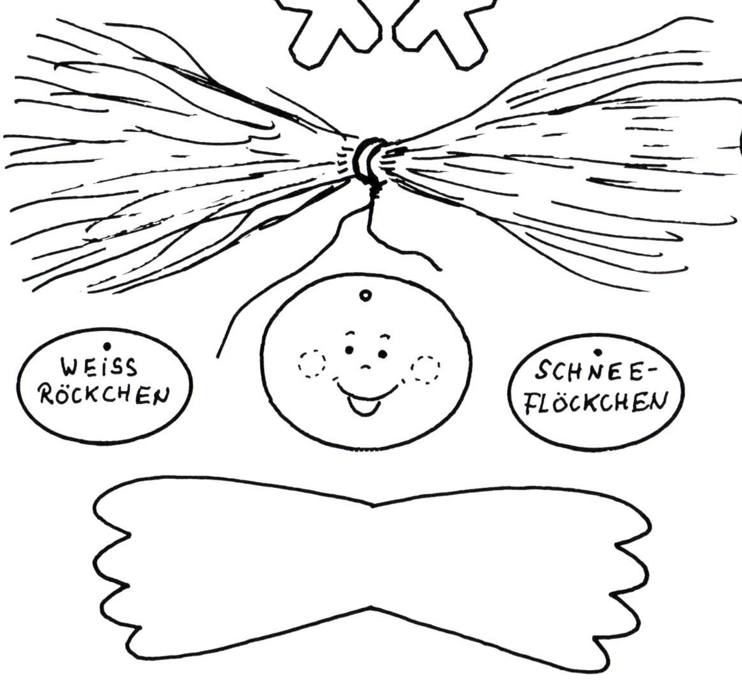

Santa-Claus-Klammern
SEITE 35

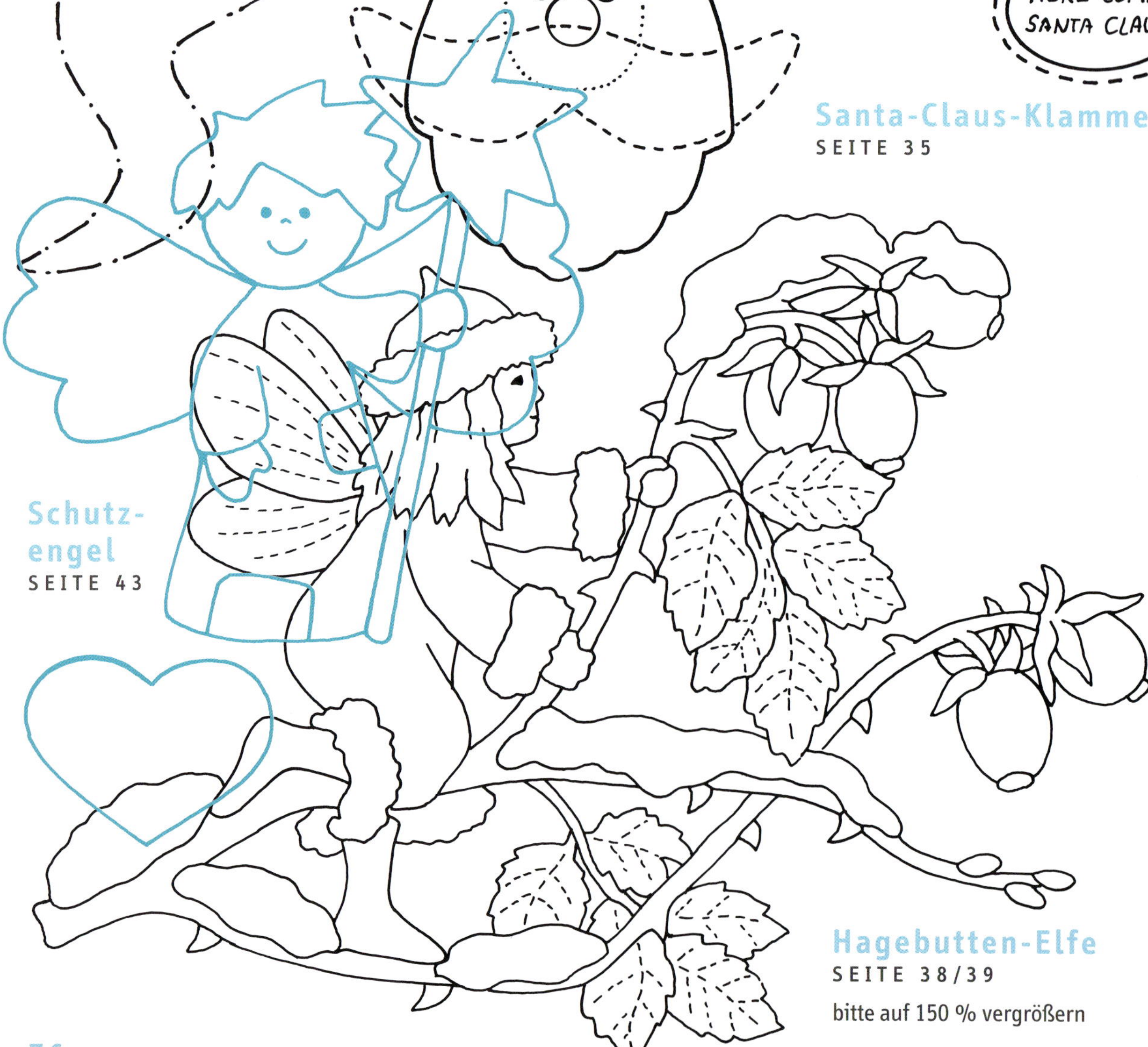

Schutz-engel
SEITE 43

Hagebutten-Elfe
SEITE 38/39
bitte auf 150 % vergrößern

Rosige Schweinchen
SEITE 47

Keep on Rocking
SEITE 51

Engel im Mond
SEITE 42

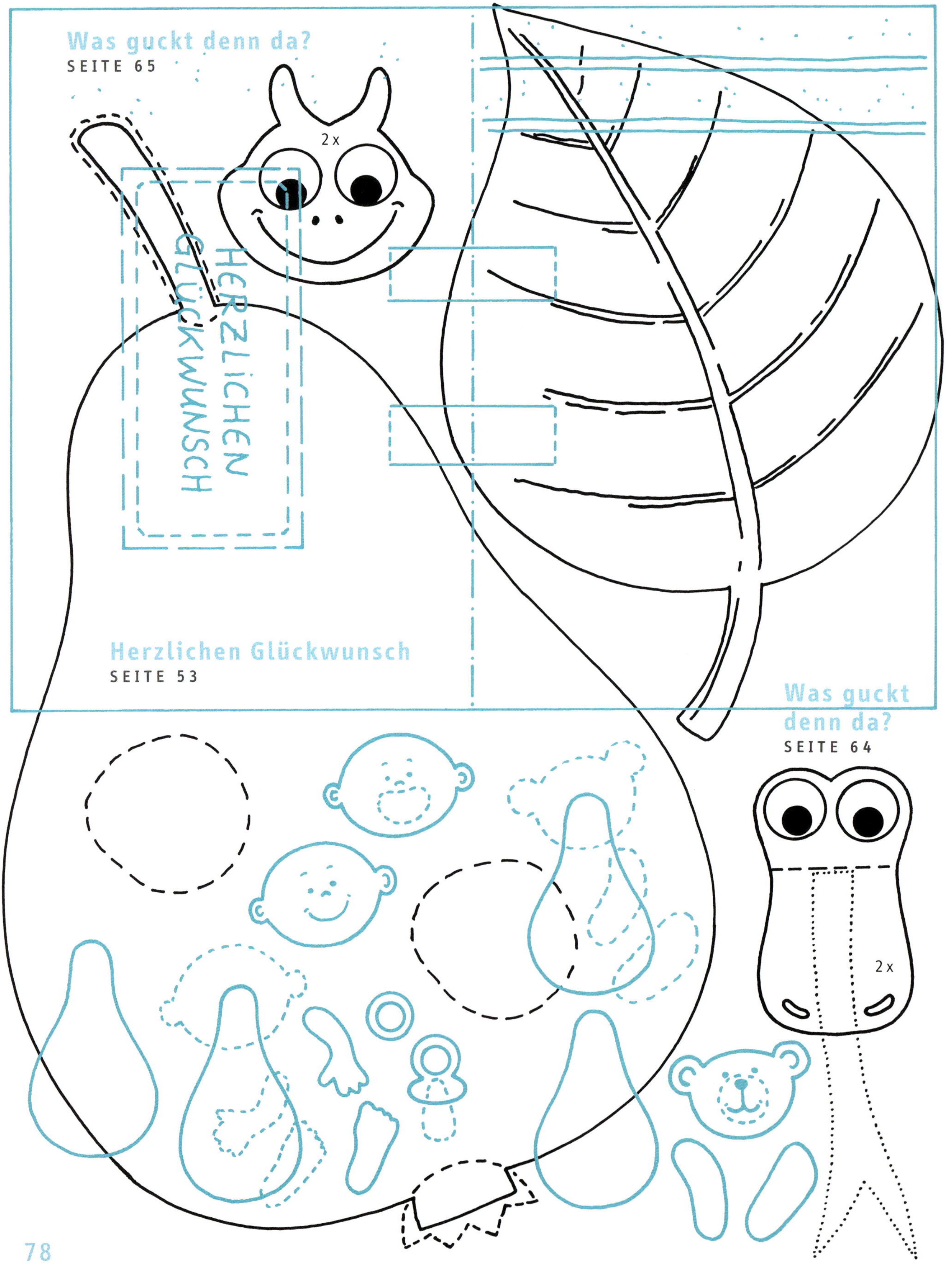

Was guckt denn da?
SEITE 65

Herzlichen Glückwunsch
SEITE 53

Was guckt denn da?
SEITE 64

Raubfische
SEITE 58/59

Herzlichen Glückwunsch
SEITE 53

IMPRESSUM

PROJEKTMANAGEMENT, LEKTORAT UND INTERVIEW: Katrin Spohn

LAYOUT: Petra Theilfarth

FOTOS: frechverlag GmbH, 70499 Stuttgart; Fotostudio Ullrich & Co., Renningen

DRUCK UND BINDUNG: Finidr s.r.o., Cesky Tesin, Tschechische Republik

Auflage:	5.	4.	3.	2.	1.	
Jahr:	2010	2009	2008	2007	2006	[Letzte Zahlen maßgebend]

ISBN 10: 3-7724-5255-8
ISBN 13: 978-37724-5255-0
Best.-Nr. 5255